作って楽しむ
プログラミング

Visual C# 2019

超 入 門

無償のVisual Studio Communityで学ぶ
はじめてのデスクトップアプリ作成

WINGSプロジェクト
高野 将 著／山田祥寛 監修

日経BP

はじめに

本書は、Visual Studio Community 2019でVisual C# 2019を使用してプログラミングの基礎を学習する入門テキストです。全9章を順番に学習することで、プログラミングや開発環境の基礎知識、画面のデザイン、コードの書き方、エラーが起きたときの対処方法などを理解できます。

実施環境について

●本書の実施環境は、下記を前提としています。
- Windows 10 Pro October 2018 Update（ビルド17763）を標準セットアップした状態（64ビット）
- Visual Studio Community 2019 16.1.6
- ファイルの拡張子を表示している状態
 Windows 10の場合は、エクスプローラーを起動し、［表示］タブをクリックして、［表示/非表示］の［ファイル名拡張子］にチェックを入れます。
- インターネットに接続できる状態
- 画面解像度をXGA（1024×768ドット）に設定した状態
- ［ディスプレイ設定］の［テキスト、アプリ、その他の項目のサイズを変更する］を100%に設定した状態

●お使いのパソコンの設定や、ソフトウェアの状態によっては、画面の表示が本書と異なる場合があります。

●本書に掲載の情報は、執筆時点で確認済みのものです。本書の発行後にソフトウェアのアップデートにより、画面や記述の変更、追加、削除、URLの移動、閉鎖などが行われる場合があります。あらかじめご了承ください。

本書の使い方について

●表記について
- ウィンドウ名、ボタン名など、画面上に表示される文字は［ ］で囲んで示します。
 例：ツールボックスの［Button］をクリックする。
- キーボードで入力する文字は、色文字で示します。
 例：JankenBattle と入力する。
- コード（プログラム）は次のような書体になっています。●は、次の行に続いていることを示します。実際に入力するときは、改行せずに続けて入力してください。また、アルファベットのO（オー）と区別するために、数字の0（ゼロ）を「ø」という文字で示しています。実際に入力するときは、数字の0を入力します。

```
MessageBox.Show($"{gameResult} ({wonCount} 勝 ➋
{lossCount} 敗) ");
```

(2)

●囲み記事について
・「ヒント」は他の操作方法や知っておくと便利な情報です。
・「注意」は操作上の注意点です。
・「用語」は本文中にある用語の解説です。
・「参照」は関連する機能や情報の参照先を示します。
・「参照ファイル」は本文中で使用するファイルが保存されている場所を示します。
●手順の画面について
・左側の手順に対応する番号を色の付いた矢印で示しています。
・手順によっては、ツールバーのボタンや入力内容などを拡大しています。

サンプルファイルのダウンロードと使い方

本書で作成するプログラムの完成例およびプログラムの作成に使用する素材（画像ファイルなど）は、日経BPのWebサイトからダウンロードすることができます。サンプルをダウンロードして展開する手順は次のとおりです。

1. Webブラウザーを起動して、次のURLにアクセスする。
   https://shop.nikkeibp.co.jp/front/commodity/0000/P53990/
2. 「関連リンク」の「サンプルファイルのダウンロード」をクリックする。
3. ダウンロード用ページが表示されたら説明や動作環境を確認してダウンロードする。
4. ダウンロードしたZIPファイルを展開（解凍）する。展開先は［ドキュメント］フォルダーを指定する。展開すると［VC#2019入門］というフォルダーができる。
   ・Windows 10の標準機能で展開する場合は、ダウンロードしたZIPファイルを右クリックして［すべて展開］をクリックし、展開先のフォルダーに、ユーザー名のフォルダーの下にある［ドキュメント］フォルダーを指定して展開する。

それぞれのサンプルや素材と本文との対応は、次の表のようになります。いくつかの章を通じて1つのプログラムを作っていきますので、各章の終わりや途中でいったんやめるときには、必ず作成したプログラムを保存しておいてください。サンプルファイルを展開すると［保存用］というフォルダーが作成されるので、その中に保存します。

フォルダー名	内容
素材	本書の中で使用する画像ファイルなどの素材が保存されています。
保存用	作成したプログラムなどはこの中に保存してください。
サンプル	各章で作成したアプリの完成例が章ごとのフォルダーに保存されています。保存するのを忘れたなど前の章で作成したプログラムを利用できない場合は、ここから［保存用］フォルダーの中にフォルダーをコピーして次の章を始めてください。プロジェクトを開くときにセキュリティ警告の画面が表示された場合は［OK］をクリックして操作を続けてください。
サンプルアプリ	第3章〜第8章の節1で実行する完成版のサンプルアプリが章ごとのフォルダーに保存されています。

(3)

目 次

第 1 章 Visual Studio Community 2019 とは

1.1 VS2019 でできることを知ろう ………………………………… 002
1.2 Visual C# について知ろう ………………………………… 004
1.3 アプリ作成の流れをつかもう ………………………………… 009
1.4 本書で学ぶこと ………………………………………………… 012
　コラム　プログラミングも実は設計作業 ………………………… 014

第 2 章 Visual Studio Community 2019 を使ってみよう

2.1 VS2019 をインストールしよう ………………………………… 016
2.2 VS2019 を起動しよう ………………………………………… 019
　コラム　スタートウィンドウ ………………………………………… 021
2.3 プロジェクトを作成しよう ………………………………………… 022
2.4 製品を登録しよう ……………………………………………… 025
2.5 VS2019 を終了しよう ………………………………………… 029
　コラム　Visual Studio のアップデート ………………………… 030

第 3 章 アプリ作成の基本を学ぼう

　この章で学ぶこと ………………………………………………… 032
3.1 できあがりをイメージしよう ……………………………………… 033
3.2 作成したプロジェクトを開こう …………………………………… 034
3.3 フォームをデザインしよう ……………………………………… 036
3.4 ボタンを押したときの処理を作ろう …………………………… 046
3.5 テキストボックスに入力したデータを保管しよう ……………… 048
3.6 変数の値をポップアップ画面で表示しよう …………………… 054
3.7 アプリを動かそう ……………………………………………… 057

(4)

目 次

第 4 章 ゲームの基本的な画面を作ろう

この章で学ぶこと ……………………………………………………………… 062

4.1 できあがりをイメージしよう ……………………………………………… 063

4.2 アプリのフォームを作ろう ………………………………………………… 065

4.3 ゲームエリアを作ろう ……………………………………………………… 072

4.4 手を選択するボタンを作ろう ……………………………………………… 079

4.5 情報エリアを作ろう ………………………………………………………… 082

4.6 フォームの挙動を変更しよう ……………………………………………… 087

　コラム VS2019 内のウィンドウの操作 ………………………………… 090

　コラム Windows フォーム以外のアプリを開発するには ……………… 092

第 5 章 じゃんけんをさせてみよう

この章で学ぶこと ……………………………………………………………… 094

5.1 できあがりをイメージしよう ……………………………………………… 095

5.2 じゃんけんに必要な処理を考えよう ……………………………………… 098

5.3 グーを選んで表示させよう ………………………………………………… 100

5.4 敵の手をランダムに表示しよう …………………………………………… 110

　コラム メソッドの途中での return 文 ………………………………… 116

　コラム インラインの一時変数 …………………………………………… 119

5.5 勝敗を判定しよう …………………………………………………………… 120

　コラム 論理演算子の優先度 ……………………………………………… 123

　コラム C# 8.0 の switch 式 …………………………………………… 128

5.6 チョキ、パーを選んでもじゃんけんができるようにしよう ………… 129

5.7 ゲーム開始処理を作成しよう ……………………………………………… 132

5.8 できあがりを確認しよう …………………………………………………… 136

　コラム switch 文のフォールスルー ……………………………………… 142

(5)

目 次

第 6 章 勝敗表を表示しよう

この章で学ぶこと ・・・ 144

6.1 できあがりをイメージしよう ・・・・・・・・・・・・・・・・・・・・・・・・・・・ 145

6.2 ラウンド数を表示しよう ・・・・・・・・・・・・・・・・・・・・・・・・・・・・・・ 149

6.3 どちらかが先に 3 勝したら試合を終了しよう ・・・・・・・・・・・・・・ 157

6.4 勝敗表を表示しよう ・・・・・・・・・・・・・・・・・・・・・・・・・・・・・・・・・ 166

コラム foreach 以外の繰り返し構文 ・・・・・・・・・・・・・・・・・・・・・・・・・ 177

第 7 章 ライフ制を導入しよう

この章で学ぶこと ・・・ 180

7.1 できあがりをイメージしよう ・・・・・・・・・・・・・・・・・・・・・・・・・・・ 181

7.2 ライフゲージを配置しよう ・・・・・・・・・・・・・・・・・・・・・・・・・・・・ 183

7.3 ライフ管理クラスを作ろう ・・・・・・・・・・・・・・・・・・・・・・・・・・・・ 187

7.4 ライフ管理クラスを使おう ・・・・・・・・・・・・・・・・・・・・・・・・・・・・ 195

コラム static クラス ・・・・・・・・・・・・・・・・・・・・・・・・・・・・・・・・・・・・・ 204

第 8 章 メニューを付けよう

この章で学ぶこと ・・・ 206

8.1 できあがりをイメージしよう ・・・・・・・・・・・・・・・・・・・・・・・・・・・ 207

8.2 メニューを追加しよう ・・・・・・・・・・・・・・・・・・・・・・・・・・・・・・・ 210

8.3 メニューの処理を追加しよう ・・・・・・・・・・・・・・・・・・・・・・・・・・ 216

8.4 アプリの情報を表示してみよう ・・・・・・・・・・・・・・・・・・・・・・・・ 223

目 次

第 9 章 アプリを配布しよう

この章で学ぶこと ………………………………………………………… 232

9.1 アプリのファイルを配布しよう ………………………………………… 233

9.2 アプリを ClickOnce で配布しよう ……………………………………… 239

コラム .NET Framework 4.7.2 以降がない環境で
インストーラーを実行した場合 ………………………………… 245

索引 …………………………………………………………………………… 249

第 **1** 章

Visual Studio Community 2019とは

本書では、初めてプログラミングに取り組む方を対象として、Visual Studio Community 2019（以下「VS2019」）を使ってアプリを作成する方法を学習します。実際に簡単なゲームアプリを作成しながら、ひとつずつ手順を確認していきます。まずは、今回使うVS2019とはどんなもので、何ができるのかを学んでいきましょう。

1.1 VS2019でできることを知ろう

1.2 Visual C#について知ろう

1.3 アプリ作成の流れをつかもう

1.4 本書で学ぶこと

1.1 VS2019でできることを知ろう

VS2019を使うと、パソコンやスマートフォン（以下「スマホ」）などのコンピューターで動くアプリケーションソフトウェア（以下「アプリ」）を作成できます。まずはコンピューターとソフトウェア、アプリの作り方について紹介します。

コンピューターとソフトウェア

　現在私たちの身の回りには、テレビや冷蔵庫といった家電をはじめ、パソコンやスマホなど数多くの電子機器があります。これらの多くは**コンピューター**を使ってコントロールされています。

　コンピューターは、CPU（Central Processing Unit：中央演算処理装置）やメモリ、SSD（Solid State Drive）、HDD（Hard Disk Drive）をはじめとしたストレージ、ディスプレイやキーボードなどの**ハードウェア**と、その上で実際に時間を測ったり、音を出したりするための指示を与える**ソフトウェア**で構成されています。

　ハードウェアはそれぞれ単体では比較的単純なことしかできません。例えばCPUであれば、四則演算の他にいくつかの演算ができる程度です。しかし、私たちが普段コンピューターを使って行っていることはもっと複雑です。タイマーを設定したり、音楽・動画を再生したり、Webサイトを閲覧したりするためには、複数のハードウェアを組み合わせて動かさないといけません。この役目を担っているのがソフトウェアです。

　ソフトウェアはさらに、ハードウェアを実際に操作する**オペレーティングシステム（基本ソフトウェア）**（以下「OS」）と、Webブラウザーやオフィスソフトのような**アプリケーション（応用）ソフトウェア**（以下「アプリ」）に分けることができます。例えば、パソコンならWindowsやmacOSといったOSの上でWebブラウザーやWord、Excelをはじめとしたアプリが、スマホならAndroidやiOSというOSの上でゲームやメールなどのアプリが動作しています。

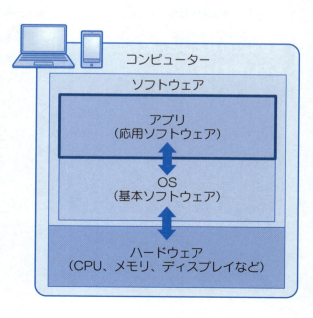

アプリの作り方

　こういったアプリはどうやって作るのでしょうか。コンピューターは私たちが普段使っている言葉をそのまま理解できませんので、何らかの手段でそれを伝えないといけません。その手段が、プログラミングとコンパイルです。

　まず、アプリがどう動いてほしいのか、やりたいことを具体的に考えます。この考える作業のことを**設計**と呼びます。そして、設計した内容をコンピューターに行わせるために、作業指示書にまとめます。この作業を**プログラミング**といい、専用の**プログラミング言語**を使って記述します。プログラミング言語は人がコンピューターに指示を与えるのに適した言語で、私たちの言葉をコンピューターの言葉に翻訳する手助けをしてくれます。プログラミング言語で書かれた作業指示書は**ソースコード**と呼ばれます。このことから、プログラミングのことを**コーディング**ともいいます。また、考えを実際に形にしていく作業ですので、**実装**ともよく呼ばれます。

　次はこのソースコードを、コンピューターの言葉に翻訳しなければなりません。このための翻訳作業を**コンパイル**と呼びます。コンパイルは使用したプログラミング言語に応じた**コンパイラ**を使って行います。ソースコードをコンパイルすると、アプリの実行に必要な各種のファイルができます。これらのファイルを**モジュール**や**アセンブリ**などと呼びます。

　以上の作業をアプリに必要な機能それぞれに対して細かく分割して行い、作成されたモジュールを組み合わせることで大きなアプリが出来上がります。

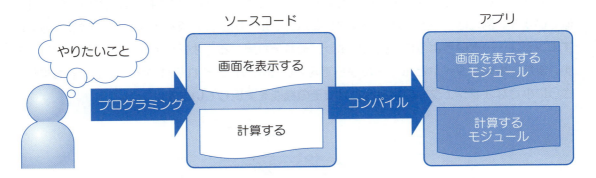

Visual C#について知ろう

次に、本書で扱うプログラミング言語である C# について紹介します。

C#とは何だろう？

本書では **C#**（シーシャープ）というプログラミング言語を使ってアプリを作成します。C#はマイクロソフトによって開発されたプログラミング言語で、Windowsはもちろんのことですが、macOSやLinux、さらにAndroidやiOSなどのモバイルデバイス上で動作するアプリも開発できます。

C#の主な特徴は、**オブジェクト指向**を中心とした**マルチパラダイム**な言語であり、**.NET**の基盤上で動作することです。それぞれ詳しく見ていきましょう。

①オブジェクト指向

アプリが実際に動作するためには、例えばアプリの画面、そこに表示するテキストやボタンといった項目、さらにはファイル操作、ネットワークアクセスなど、数多くの機能が必要です。

オブジェクト指向とは、こういったアプリが必要とする個別の機能ごとに、それぞれが扱うデータと処理をまとめた**オブジェクト**に分割し、分割したオブジェクトを組み合わせていく考え方です。これは、自動車のような複雑なものを、さまざまな部品を組み合わせて作ることに似ています。例えば、ドライバーが操作するハンドル、明かりを照らすライト、自動車を動かすエンジン……というように、役割によってそれぞれ異なる「オブジェクト」が使われています。また、車輪がタイヤとホイールからできているように、それぞれのオブジェクトもまた、さらに小さなオブジェクトの組み合わせでその機能を実現しています。

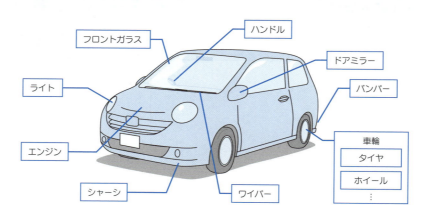

そして、この考え方を扱いやすくしたプログラミング言語を**オブジェクト指向プログラミング言語**といい、本書で扱うC#もそのひとつです。

ヒント

他のオブジェクト指向プログラミング言語
Java（ジャバ）、Ruby（ルビー）、Python（パイソン）など、他にも数多くのオブジェクト指向プログラミング言語があります。

②マルチパラダイム

C#はオブジェクト指向を中心としていますが、その他にもいろいろな思想や考え方を取り入れています。例えば、特定の入力に対して処理を行い結果を返す「関数」をオブジェクトとして扱う機能や、ボタン操作をはじめとしたユーザーの行動などの「イベント」を監視する仕組み、データの集まりから特定の条件に合致するものを取り出して変換する「問い合わせ」を行うための構文などが、C#というプログラミング言語自体に組み込まれています。

こういった思想、考え方は**パラダイム**とも呼ばれ、C#はそれを複数扱えるので、**マルチパラダイム**な言語であるといえます。

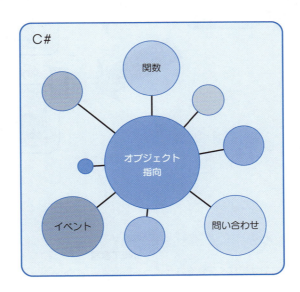

③.NET

C#は**.NET**という「枠組み」の中で動作します。前の項でソースコードをコンパイルしてモジュールを作成するといいましたが、実際には**CIL（Common Intermediate Language：共通中間言語）**という、.NETの実行基盤が解釈できるように共通化された形式に変換されます。こうしてできたCILで記述されたモジュールを、.NETに対応した**実行ランタ**

イムが解釈して実際の処理を行います。

　実行ランタイムは各種の**プラットフォーム**に向けた開発・実行基盤ごとに用意されています。例えば、Windows上で動作するマイクロソフト社の**.NET Framework（ドットネットフレームワーク）**には**CLR（Common Language Runtime：共通言語ランタイム）**が、Windowsをはじめとしてmacosやlinuxでも動作する**.NET Core（ドットネットコア）**には**Core CLR**が、ユーザー主体で開発されている**Mono（モノ）**には**Mono ランタイム**があります。

　このようにCILと実行ランタイムを取り入れることで、C#はあらゆる環境で動作するのです。

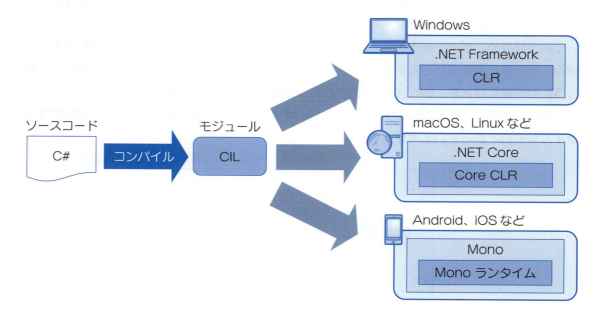

用語

プラットフォーム
「足場」を意味する単語で、ここではデバイスやその上で動くOSのことを指しています。

フレームワーク
ある「枠組み」のために必要な機能や開発環境をまとめたものを**フレームワーク**と呼びます。

.NET言語
CLIにコンパイルできるプログラミング言語はC#以外にも**Visual Basic（ビジュアルベーシック）**や**F#（エフシャープ）**などがあり、こういったプログラミング言語を**.NET言語**と呼んだりもします。

Visual C#とC#
「C#」はプログラミング言語自体を表し、マイクロソフト社によって作られたC#を「Visual C#」と呼んで区別することもあります。

VS2019とは何だろう？

アプリのプログラミングを行うには「アプリを作るための専用アプリ」を使うと便利です。このアプリのことを**開発ツール**といいます。

本書では**Visual Studio 2019（ビジュアルスタジオ2019）**（以下「VS2019」）という開発ツールを使います。VS2019はアプリのソースコードを書いてコンパイルして実行するために必要な、さまざまな機能を持っています。こういった総合的な開発ツールを**統合開発環境（IDE：Integrated Development Environment）**とも呼びます。

IDEによくある機能をVS2019を例に説明すると、アプリに必要なソースコードを一覧できる**ソリューションエクスプローラー**、コードを書くための**コードエディター**、アプリの画面を視覚的に作成するための**フォームデザイナー**などがあります。この他、IDE上でコンパイラを実行してソースコードをコンパイルしたり、コンパイルしたアプリを実行してデータの変化を随時確認するといったこともできます。昨今のアプリは規模が大きく複雑化していることもあり、アプリ開発にはIDEが欠かせなくなっています。

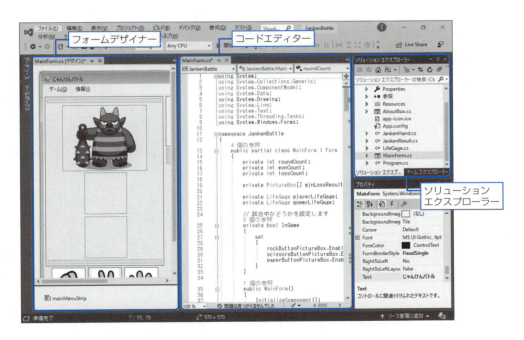

このように多くの機能を持つVS2019ですが、すべてが無条件に使えるわけではなく、使える機能によっていくつか種類があります。この種類を**エディション**と呼び、大きく次の3つがあります。

1.2　Visual C#について知ろう　　**007**

エディション名	説明
Enterprise（エンタープライズ）	すべての機能が使える大企業向けのエディション。大規模チームでの利用を目的とした一番高価な製品。
Professional（プロフェッショナル）	一部の機能を制限した、プロのプログラマー向けのエディション。中小企業や小規模チームでの利用を目的とした有償製品。
Community（コミュニティ）	個人ユーザーや数人単位の小さな企業なら無償で使えるエディション。使える機能は Professional とほぼ同等で、本書の対象エディション。

アプリ作成の流れをつかもう

今度はアプリを作成するのに必要な、具体的な作業について紹介します。

アプリ作成の流れを知ろう

アプリを作るには、まずどんなアプリを作りたいかを考え、どんな画面でどんな処理をするのか考えていきます。これを**設計**といいます。

次に、設計した内容をもとに1.1節で説明したプログラミングを行います。プログラミングではソースコードを書くこともももちろんですが、IDEを使ってアプリの画面も作ります。

プログラミングをしたら、アプリを実行して動作を確認します。もちろん思ったとおりに動かなかったり、画面の項目位置がおかしかったりすることもあるので、そのようなときはもう一度プログラミングに戻り、修正を行います。このプログラムの間違いを**バグ（虫）**といい、それを取り除く修正作業を**デバッグ**ともいいます。

このように、アプリの機能を小分けにして、プログラミング、アプリの実行・確認を少しずつ繰り返し、試行錯誤を続けながら徐々にアプリを完成させていきます。

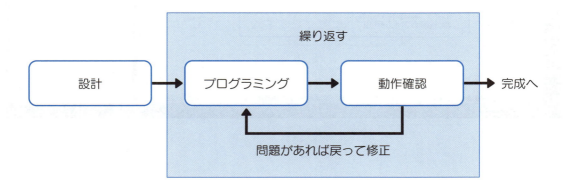

Windowsフォームについて知ろう

本書では画面のある**GUI（Graphical User Interface：グラフィカルユーザーインターフェイス）**アプリを、**Windowsフォーム**を用いて作成しながら学習を進めていきます。WindowsフォームはWindows上でGUIアプリを開発・実行するための機能を集めたフレームワークで、.NET Frameworkに含まれています。これを使うと、例えばWindowsに付属し

ているテキストファイル編集ツールの「メモ帳」のようなアプリを作成できます。

　Windowsフォームでは、VS2019に付属するフォームデザイナーを使い、マウスやキーボードにより見た目を確認しながらアプリの画面を作成できます。また、「ボタンをクリックした」というような何らかのアクション（これを**イベント**と呼びます）によって実行される処理を、前述のC#などのプログラミング言語で記述していきます。

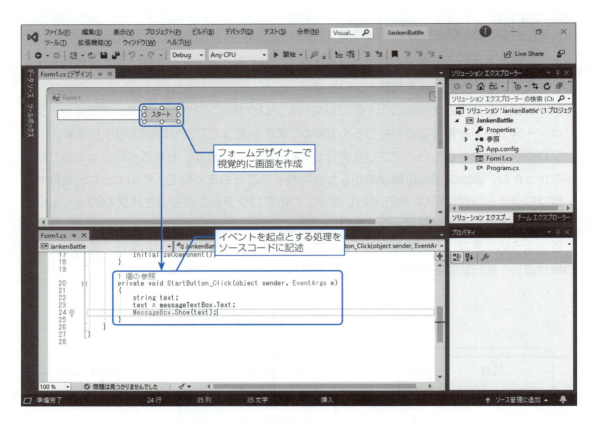

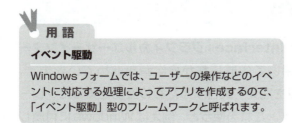

イベント駆動

Windowsフォームでは、ユーザーの操作などのイベントに対応する処理によってアプリを作成するので、「イベント駆動」型のフレームワークと呼ばれます。

その他のアプリについても知っておこう

　C#とVS2019ではGUIアプリの他にもさまざまなアプリを作成できます。例えば、画面を持たない**コンソールアプリ**、Webブラウザーなどから操作する**Webアプリ**、AndroidやiOSで動作する**モバイルアプリ**などがあります。

　これらのアプリを作成するために多くのフレームワークがあります。例えば、GUIアプリを作成するにはWindowsフォームの他にも**UWP（Universal Windows Platform、ユニバーサルWindowsプラットフォーム）**や**WPF（Windows Presentation Foundation）**がありますし、Webアプリなら**ASP.NET Webフォーム**や**ASP.NET MVC**、**ASP.NET Core MVC**、モバイルアプリなら**Xamarin（ザマリン）**などがあります。

　また、上記のフレームワークはそれぞれ1つまたは複数の開発・実行基盤の上で動作します。例えば、WindowsフォームやWPF、ASP.NET Webフォーム、ASP.NET MVCは.NET Frameworkでしか動作しません。また、UWPやASP.NET Core MVCは.NET Coreのみ、XamarinはMonoで動作します。

フレームワーク	Windowsフォーム	WPF	ASP.NET Webフォーム	ASP.NET MVC	ASP.NET Core	UWP	Xamarin
開発・実行基盤	.NET Framework				.NET Core		Mono

ASP.NETとMono

ASP.NET WebフォームおよびMVCについては、Monoでも動作します。ただし、全部の機能が動作するというわけではないので、その使用には注意が必要です。

.NET Core 3.0

2019年後半での正式版公開を予定している.NET Core 3.0では、WindowsフォームやWPFのアプリもサポートされます。したがって、WindowsフォームとWPFのアプリが.NET Frameworkと.NET Core 3.0の2つの開発・実行基盤で動作するようになります。

1.4 本書で学ぶこと

本書で作成するWindowsフォームアプリと、これから学習する内容を確認しておきましょう。

本書で作成するアプリ

　本書では「じゃんけんバトル」というじゃんけんゲームを作りながら、アプリ作成の方法、プログラミング言語C#の基本、VSの操作方法を学んでいきます。

　「じゃんけんバトル」はコンピューターを相手に繰り返しじゃんけんで勝負し、先に3勝したほうが勝ちとなるゲームです。勝敗の結果は画面に勝敗表で表示されます。また、ライフ制があり、相手のライフを0にしないと1回のラウンドは終わりません。

　本書のサンプルファイルには、章ごとの作成途中のアプリの他に、「じゃんけんバトル」の完成版も含まれています。アプリを作成する前に、完成版で実際に遊んで動作を体験して、アプリのイメージをつかんでみてください（サンプルファイルのダウンロードについては本書の「はじめに」の「サンプルファイルのダウンロードと使い方」を参照してください）。

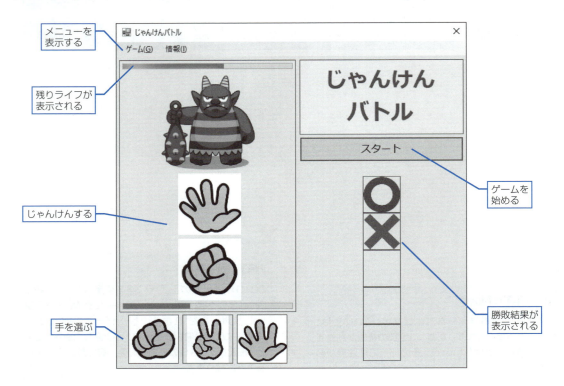

これから学習する内容

第2章から学習する内容は次のとおりです。

章	学習内容
第2章	Visual Studio Community 2019（VS2019）をインストールします。
第3章	Windowsフォームアプリのプロジェクトを作成し、VS2019の操作を学習します。
第4章	じゃんけんバトルの基本的な画面を作成し、表示します。
第5章	じゃんけんに必要な変数、条件分岐、列挙型、乱数の使い方を学びます。
第6章	繰り返しじゃんけんした結果を記録するために必要なメンバー変数や配列、繰り返し処理の使い方を学びます。
第7章	ライフを表すのに必要な画面の部品や、その操作を行うクラスの作り方を学びます。
第8章	メニューを作成し、アプリの情報画面などを呼び出す方法を学びます。
第9章	アプリを配布するためのインストーラーを作成する方法を学びます。

　まずは必要なソフトウェアのインストールから始め、続いてじゃんけんバトルのアプリを少しずつ機能を追加しながら作成していきます。

プログラミングも実は設計作業

　1.3節ではどのように処理するのかを考えることを設計といい、それをもとにプログラミング言語のコードを書くことをプログラミングという、と説明しました。しかし、実はプログラミングも設計ととらえることができます。

　プログラミングをするときは、あらかじめ決められた手順に従って作業をするのではなく、通常は行いたい処理をコードでどのように表すかを考えて試行錯誤しながら作業します。プログラミング言語の機能には、同じことをするのに複数の手段が用意されていることもあります。その中から、どの方法が最善なのかを考えながら、書いたり消したりという作業がプログラミングにはつきものです。したがって、プログラミングは「コードの設計」を行う作業であるとも言えます。

　なお、「コード」という設計書に従って「組み立てる」作業は、アプリの作成においては「コンパイル」が該当します。

～ もう一度確認しよう！～ チェック項目

- □ コンピューターとソフトウェアの関係について理解しましたか？
- □ アプリの作り方のイメージをつかめましたか？
- □ プログラミング言語C#の特徴がわかりましたか？
- □ アプリを作る手順がわかりましたか？
- □ サンプルアプリを動かしてイメージをつかめましたか？

第 **2** 章

Visual Studio Community 2019を使ってみよう

この章では、アプリを作るためにVS2019をインストールします。また、アプリのプロジェクトを新規作成し、実行してみましょう。

2.1	VS2019をインストールしよう
2.2	VS2019を起動しよう
2.3	プロジェクトを作成しよう
2.4	製品を登録しよう
2.5	VS2019を終了しよう

VS2019をインストールしよう

まず、本書で使用する開発ツール「Visual Studio Community 2019 (VS2019)」をインストールしましょう。

インストールを行おう

VS2019のインストールを行うには、マイクロソフトのWebサイトから、インストーラー（インストール用プログラム）をダウンロードして実行します。本書では、Windows 10の標準Webブラウザーである、「Microsoft Edge」を使って説明します。

1 Microsoft Edgeを起動する。

2 アドレスバーに **visualstudio.com/ja** と入力し、Enterキーを押す。

結果 Visual Studioの公式ページが表示される。

3 表示されたページ内の［Visual Studioのダウンロード］をマウスでポイントする。

結果 ダウンロード対象ファイルの選択肢が表示される。

4 ［Community 2019］をクリックする。

結果 「Visual Studioをダウンロードいただきありがとうございます」ページが表示され、ダウンロードファイル「vs_community.exe」に対する操作の選択肢が表示される。

ヒント

ダウンロードページの見た目は変わることがある

VS2019のダウンロードページの見た目や、ダウンロードファイルの名前は、本書の発行後に変わる可能性があります。いずれの場合も、できるだけ本書の内容に合わせて進めるようにしてください。

5 [保存] をクリックする。

結果 インストーラーファイルがダウンロードされ、[ダウンロード] フォルダーに保存される。

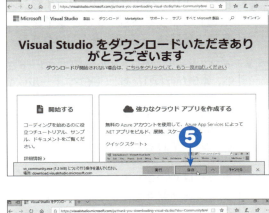

6 ダウンロードが終了したら、インストーラーを実行するため [実行] をクリックする。

結果 [ユーザーアカウント制御] 画面が表示される。

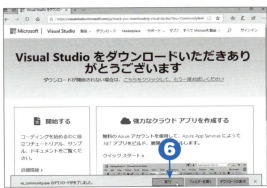

7 [はい] をクリックする。

結果 VS2019のインストール画面が表示される。

ヒント

ダウンロードファイルの保存先

手順❺で [保存] をクリックした際の保存先は、既定では [ダウンロード] フォルダーです。他のフォルダーに保存したいときは、[保存] の右側の ∧ ボタンをクリックして [名前を付けて保存] をクリックし、任意のフォルダーを選択してください。

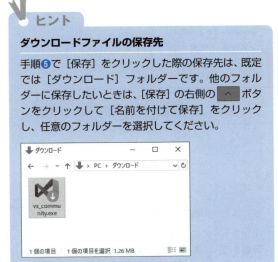

ヒント

インストーラーの実行

Webブラウザーを閉じてしまったり、[実行] が表示されていない場合は、Windowsのエクスプローラーでインストーラーの保存先フォルダーを開き、インストーラーファイルを選択して Enter キーを押すか、ダブルクリックして実行してください。

8 [マイクロソフトソフトウェアライセンス条項]リンクをクリックしてライセンス条項を確認後、[続行]をクリックする。

結果 ▶ インストーラーのファイルがダウンロードされ、準備が行われたあと、[インストールしています]画面が表示される。「続行する前にVisual Studioインストーラーを更新してください。」と表示された場合は、[更新]をクリックして続ける。

9 本書ではWindowsフォームアプリケーションを開発するため、[ワークロード]タブで、[.NETデスクトップ開発]をクリックしてチェックを入れる。

結果 ▶ 画面右側に[インストールの詳細]欄が表示される。

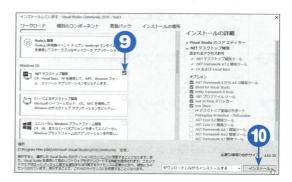

10 その他の項目はそのままにして、[インストール]をクリックする。

結果 ▶ インストールが開始され、インストールの進捗表示画面が表示される。

11 [インストール後に起動する]のチェックをはずす。

結果 ▶ インストールが完了すると、「インストールが正常に終了…」とメッセージが表示され、「今すぐVisual Studioを開始する」というメッセージの下に[起動]ボタンが表示される。

12 画面右上隅の ✕ 閉じるボタンをクリックして終了する。

> **ヒント**
>
> **インストール先を変更するには**
>
> VS2019のインストール先は[インストールしています]画面の[場所]ボックスで指定できます。既定では「C:¥Program Files (x86)¥Microsoft Visual Studio¥2019¥Community」(32ビット版Windowsの場合は「C:¥Program Files¥Microsoft Visual Studio¥Community」) にインストールされます。
>
> **インストール後に再起動を求められたときは**
>
> 指示に従って再起動後、次の節に進んでください。

> **ヒント**
>
> **インストール後に自動で起動する**
>
> インストールの進捗表示画面で[インストール後に起動する]にチェックを入れておくと、インストールが終わったあとにVS2019が自動で起動します。

VS2019を起動しよう

インストールが終わったところで、今度は実際にVS2019を起動し、最初の設定を行います。

VS2019を起動しよう

VS2019のインストール後は、Windowsの［スタート］メニューからVS2019を起動できます。

1 Windowsの［スタート］ボタンをクリックする。

結果 ［スタート］メニューが表示される。

2 ［最近追加されたもの］－［展開］をクリックする。

結果 ［最近追加されたもの］が展開される。

3 ［Visual Studio 2019］をクリックする。

結果 VS2019が起動し、最初の設定画面が表示される。

ヒント

インストーラーから起動する

VS2019のインストール終了後、インストーラーの画面で［起動］ボタンをクリックすることでもVS2019を起動できます。

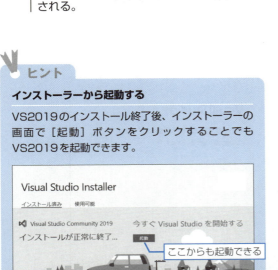

ここからも起動できる

ヒント

［スタート］メニューから起動する

Windowsの［スタート］メニューで［V］の中にある［Visual Studio 2019］をクリックしても、同じようにVS2019を起動できます。右クリックして［スタート画面にピン留めする］や［その他］－［タスクバーにピン留めする］を選び、ピン留めしておけば、次回以降起動するのが楽になるのでお勧めです。

ここからも起動できる

2.2 VS2019を起動しよう 019

4 ［ようこそ。すべての開発者サービスをご利用ください。］画面で［後で行う。］リンクをクリックする。

結果 ［慣れた環境で開始します］画面が表示される。

5 ［開発設定］を［Visual C#］に変更する。［配色テーマの選択］は既定の［青］のままにする。

6 ［Visual Studioの開始］をクリックする。

結果 ［初めて使用するための準備をしています］画面が表示され、初期設定が行われる。設定が終わるとVS2019が起動し、スタートウィンドウ（次ページのコラムを参照）が表示される。

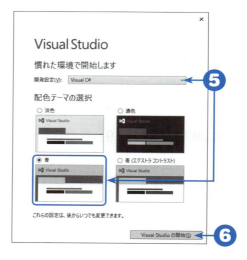

 ヒント

開発設定

選択した開発の種類により、最適なVSの初期設定を行ってくれます。［Visual C#］の他にも、［JavaScript］、［Visual Basic］といった他のプログラミング言語や、［Web開発］のようなアプリの種類ごとの設定があります。開発設定を変更するには、VS2019の［ツール］メニューから［設定のインポートとエクスポート］をクリックします。［設定のインポートとエクスポートウィザード］が起動したら［すべての設定をリセット］を選択して［次へ］をクリックし、［現在の設定の保存］画面で現在の設定を保存するかどうかを選択して［次へ］をクリックします。［設定の既定のコレクションの選択］画面で、目的の開発設定を選択して［完了］をクリックします。

配色テーマ

配色テーマの設定には既定の［青］の他に［淡色］や［濃色］などがあります。配色テーマは、VS2019の［ツール］メニューで［オプション］をクリックし、［環境］-［全般］で［視覚的効果］の［配色テーマ］から変更できます。

コラム スタートウィンドウ

VS2019を起動して最初に表示されるウィンドウです。左側の［最近開いた項目］には最近使ったアプリのコードが一覧表示され、ここから直接開くことができます。また、右側にはGitHub（ギットハブ）などのコード共有サービスのコードを取得したり、新たにアプリを作成するためのボタンが並んでいます。

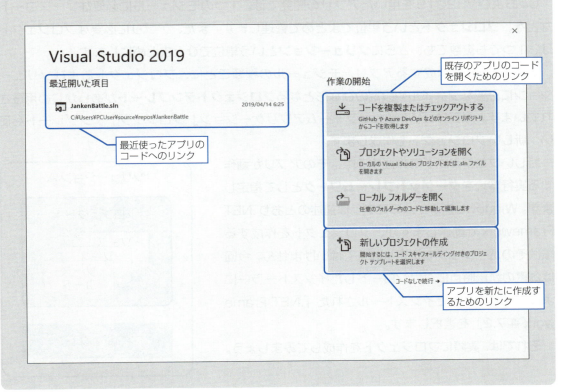

プロジェクトを作成しよう

いよいよアプリケーションの作成を始めます。まずはC#におけるアプリ開発の単位である、プロジェクトを作成します。

新しいプロジェクトを作成しよう

　C#およびVS2019を用いたアプリの開発では、1つのモジュールに必要なソースコードなどを、**プロジェクト**という単位でまとめて管理します。また、アプリに必要なプロジェクトは、1つでも複数でも、さらに**ソリューション**という単位でひとまとめにします。

　VS2019には作成するアプリ、モジュールの種類ごとに、プロジェクトおよびソリューションに必要なファイルや設定のひな形となる**プロジェクトテンプレート**があらかじめ用意されています。今回は「Windowsフォームアプリケーション」プロジェクトテンプレートを使い、新しいプロジェクトを作成します。

　新しいプロジェクトを作成する際、そのアプリが動作する実行環境を**ターゲットフレームワーク**として指定します。Windowsフォームのアプリは前述のとおり.NET Frameworkで動作しますが、プロジェクトを作成する際はそのバージョンも指定しなくてはいけません。今回は本書の執筆時点にダウンロードしたインストーラーにより、既定の設定でインストールされた「.NET Framework 4.7.2」を選択します。

　それでは、実際にプロジェクトを作成してみましょう。

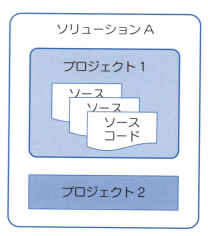

ヒント

.NET Framework以外をターゲットフレームワークにする

.NET Framework以外で動作するアプリで、例えばASP.NET CoreのWebアプリを作成するなら、.NET Coreをバージョンとともに指定します。

最後のバージョンとなる.NET Framework 4.8

.NET Frameworkは4.8が最後のバージョンとなり、以後は.NET Core 3.0以降を使うようマイクロソフトよりアナウンスされています。本書の執筆時点では.NET Framework 4.8はリリースされていますが、VS2019と一緒にはインストールされません。本書の発行後にVS2019と一緒にインストールされるように変更される可能性がありますが、そのときはターゲットフレームワークに.NET Framework 4.8が追加されます。本書の内容については、.NET Framework 4.8を指定しても同じように進めることができます。

1 スタートウィンドウで［新しいプロジェクトの作成］をクリックする。

結果 ▶ ［新しいプロジェクトの作成］画面が表示される。

2 ［Windowsフォームアプリケーション（.NET Framework）］をクリックして選択する。

3 ［次へ］をクリックする。

結果 ▶ ［新しいプロジェクトを構成します］画面が表示される。

4 ［プロジェクト名］ボックスに、あらかじめ入力されている文字を削除してから、半角文字で**JankenBattle**と入力する。大文字と小文字もこのとおりに（先頭の「J」とBattleの「B」だけを大文字にして他は小文字で）入力する。

結果 ▶ ［ソリューション名］ボックスにも「JankenBattle」と入力される。

5 ターゲットフレームワークとして、［フレームワーク］ドロップダウンリストから、［.NET Framework 4.7.2］を選択する。

6 ［作成］をクリックする。

結果 ▶ 「JankenBattle」という名前のプロジェクトが作成され、フォームデザイナー（次ページ参照）が表示される。

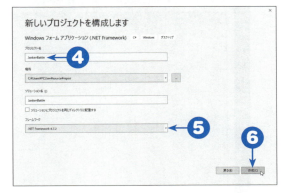

ヒント

スタートウィンドウ以外からプロジェクトを作成する方法

スタートウィンドウ以外からプロジェクトを新たに作成するには、［ファイル］メニューから［新規作成］－［プロジェクト］を選択します。または、Ctrl と Shift と N キーを同時に押します。

ヒント

プロジェクトの作成先

プロジェクトの作成先は［場所］ボックスで指定できます。既定ではユーザーフォルダー（C:¥Users¥ユーザー名）の中の［source¥repos］フォルダーの下に［プロジェクト名］ボックスで指定した名前のフォルダーが新たに作成されます。このフォルダーを本書では「プロジェクトフォルダー」と呼びます。

画面の構成を知ろう

プロジェクトを作成したところで、まずはVSの画面の構成について簡単に知っておきましょう。

画面右側上部に表示されているのは**ソリューションエクスプローラー**（①）です。このウィンドウでは作成したプロジェクトの構成を閲覧、操作を行います。次に、画面で一番大きな位置を占めているのが**フォームデザイナー**（②）です。このウィンドウでは、アプリの画面（**フォーム**と呼ばれます）のデザインを視覚的に行えます。そして、フォームに配置するボタンやテキストボックスなどの項目（**コントロール**と呼ばれます）は、画面左側の**ツールボックス**（③）から選びます。フォームやフォームに配置したコントロールの各種設定は、画面右側下部の**プロパティウィンドウ**（④）で値を選択、入力して行います。

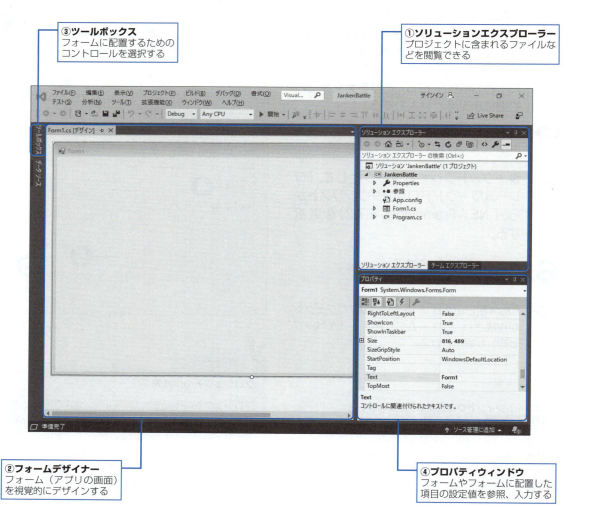

③ツールボックス
フォームに配置するためのコントロールを選択する

①ソリューションエクスプローラー
プロジェクトに含まれるファイルなどを閲覧できる

②フォームデザイナー
フォーム（アプリの画面）を視覚的にデザインする

④プロパティウィンドウ
フォームやフォームに配置した項目の設定値を参照、入力する

製品を登録しよう

個人の開発者であればVS2019のCommunityエディションは無償で利用できます。しかし、インストールした直後はまだ30日間の評価期間扱いです。評価期間を過ぎても利用を続けるには「製品の登録」が必要です。

Microsoftアカウントを用意しよう

　VS2019を継続して使用するために行う「製品の登録」には、**Microsoftアカウント**が必要です。Microsoftアカウントは、マイクロソフトが提供する各種のサービスを利用するためのユーザー情報で、無料で作成し利用できます。例えば、ファイル共有サービスの「OneDrive」やMicrosoft Officeのファイルを閲覧、編集できる「Office Online」、メールサービスの「Outlook.com」など数多くのサービスを、1つのMicrosoftアカウントで利用できます。

　まだMicrosoftアカウントを持っていないなら、このあとの手順に従って新たに作成してください。すでにMicrosoftアカウントを持っている場合は、次の項「製品の登録をしよう」に進んでください。

　Microsoftアカウントの作成にはメールアドレスが必要になります。すでにメールアドレスを持っていればそれを利用してもかまいませんし、手順の中でOutlook.comのメールアドレスを新たに作成することもできます。本書では新たに作成する手順で紹介します。

1 ［ヘルプ］メニューをクリックする。

結果 ［ヘルプ］メニューが展開される。

2 ［製品の登録］をクリックする。

結果 製品登録用の画面が表示される。

3 ［Visual Studioにサインイン］欄で、［アカウントがありませんか？］の右にある［作成してください。］リンクをクリックする。

結果 既定のWebブラウザー（本書ではMicrosoft Edge）でMicrosoftアカウントの作成ページが開く。

4 メールアドレスを新たに作成するために、[新しいメールアドレスを取得] をクリックする。

結果▶ メールアドレスの入力ボックスに「@outlook.jp」と表示され、新たにOutlook.comのメールアドレスを取得できるようになる。

5 新しいメールアドレスの「@」より左の文字を入力する。

6 [次へ] をクリックする。

結果▶ [パスワードの作成] ページが表示される。

7 使用したいパスワードを入力する。パスワードは8文字以上で、英大文字、小文字、数字、記号のうち2種類以上を含む、強固なパスワードとすること。

8 [次へ] をクリックする。

結果▶ [アカウントの作成] ページが表示される。

9 アカウント確認のために、表示された画像の文字列を入力する。

10 [次へ] をクリックする

結果▶ [セキュリティ情報の追加] ページが表示される。

> **ヒント**
>
> **Microsoftアカウントに使うメールアドレス**
>
> Microsoftアカウント作成に使うメールアドレスは、既存のものでも新しいメールアドレスを取得してもどちらでもかまいません。既存のメールアドレスを利用する場合は、Microsoftアカウントの作成ページで、Microsoftアカウントで使用したいメールアドレスとパスワードを入力します。

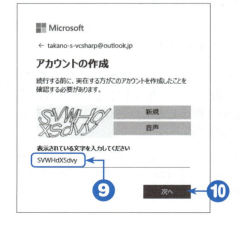

11 アカウント確認のためのアクセスコードを受け取りたい携帯電話番号を入力する。

12 ［コードの送信］をクリックする。

結果 入力した携帯電話番号宛てに、アクセスコードがSMS（ショートメッセージングサービス）で送信される。その後、［セキュリティ情報の追加］ページにアクセスコードの入力ボックスが表示される。

13 ［アクセスコードを入力してください］ボックスに、受信したアクセスコード（数字4桁）を入力する。

14 ［次へ］をクリックする。

結果 Microsoftアカウントが作成され、Webブラウザーで「Visual Studioに戻り、新しいMicrosoftアカウントを使用してIDEにサインインします。」ページが表示される。

15 画面右上隅の×閉じるボタンをクリックしてWebブラウザーを閉じる（開いたままでも以降の操作には影響しない）。

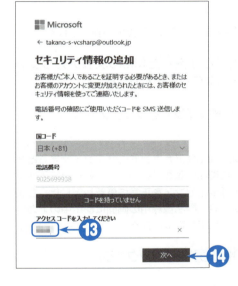

2.4 製品を登録しよう

027

製品の登録をしよう

　Microsoftアカウントが用意できたら、VS2019の製品登録用の画面に戻って、製品の登録を行います。製品の登録は無料で行うことができます。

1 製品登録用の画面で［更新されたライセンスの有無を確認］をクリックする。

結果 ［サインイン］画面が表示される。

2 ［メール、電話、Skype］ボックスに、先ほど作成したMicrosoftアカウントのメールアドレスを入力する。

3 ［次へ］をクリックする。

結果 ［パスワードの入力］画面が表示される。

4 先ほど作成したMicrosoftアカウントのパスワードを入力する。

5 ［サインイン］をクリックする。

結果 Microsoftアカウントにサインインするとともに製品の登録が行われる。登録が完了すると「ライセンスを正常に更新しました」と表示され、製品登録用の画面に使用中のアカウント情報が表示される。

6 ［閉じる］をクリックする。

結果 製品登録用の画面が閉じる。

> **注意**
>
> **「Visual Studioにサインイン」の［サインイン］ボタン**
>
> 製品登録用の画面には「Visual Studioにサインイン」と表示された欄もあり、そちらにも［サインイン］ボタンがあります。紛らわしいですが、こちらはマイクロソフトのコード共有サービスである「Azure DevOps」にサインインするためのボタンですので、本書では取り扱いません。間違ってクリックしないようにしてください。

製品の登録を行ったアカウントが表示された

VS2019を終了しよう

アプリのプロジェクトを作成し、製品の登録も終えたので、ここで一度VS2019を終了しましょう。

VS2019を終了しよう

ここまで進めたところで、いったん作業を終わらせましょう。作業を終わらせるには、VS2019を終了させます。

1 ［ファイル］メニューをクリックする。

結果 ［ファイル］メニューが展開される。

2 ［終了］をクリックする。

結果 VS2019が終了する。

> **ヒント**
>
> **その他の終了方法**
>
> VS2019を終了するには、上記のメニューから終了する方法の他に、メニュー項目に書かれているとおり Alt キーと F4 キーを同時に押すことでも終了できます。また、VS2019のメインウィンドウ右上の × 閉じるボタンをクリックしても終了できます。

〜 もう一度確認しよう！〜　チェック項目

- [ ] VS2019をインストールできましたか？
- [ ] Windowsフォームアプリケーションのプロジェクトを作成できましたか？
- [ ] 作成したプロジェクトとソリューションを保存できましたか？
- [ ] 製品の登録ができましたか？
- [ ] VS2019を終了できましたか？

Visual Studio のアップデート

　Visual Studio は継続的に開発が続けられているため、より便利に安全に使い続けるためには、製品の更新（アップデート）を定期的に行うことをお勧めします。VS2019には自動でアップデートを通知する機能があるため、これを利用しましょう。

　VS2019にアップデートがあると、起動時に右のような画面が表示されることがあります。［詳細の表示］ボタンをクリックすると、VS2019の更新を行うための画面が表示されます。

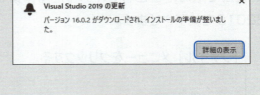

　ここで［更新］ボタンをクリックすると、アップデートが始まります。

　そのまま待っていると、画面に表示されているとおりアップデートが完了したあと、VS2019が自動で再起動されます。

　なお、VS2019のバージョンアップにともない、画面の見た目や内容が本書の発行後に変更される可能性があります。その場合でも、できるだけ本書の内容に合わせて操作を行ってください。

第 **3** 章

アプリ作成の基本を学ぼう

本格的なゲームを作成する前に、まずアプリ作成の基本を学んでいきましょう。アプリの画面であるフォームをデザインし、テキストボックス、ボタンといったコントロールを配置したあと、ボタンをクリックした際の処理を記述します。

3.1　できあがりをイメージしよう

3.2　作成したプロジェクトを開こう

3.3　フォームをデザインしよう

3.4　ボタンを押したときの処理を作ろう

3.5　テキストボックスに入力したデータを保管しよう

3.6　変数の値をポップアップ画面で表示しよう

3.7　アプリを動かそう

 **この章で学ぶこと**

　この章では、アプリ作成に必要な最低限の作業を知るため、次の機能を実装します。

　①テキストボックスとボタンが配置された画面を表示する
　②ボタンを押すとテキストボックスに入力した値をポップアップ画面で表示する

その過程を通じて、この章では次の内容を学習していきます。

- **保存したプロジェクトの開き方**
- **コントロールの配置方法**
- **コントロールの見た目の変更方法**
- **ボタンをクリックしたときの動作の設定方法**
- **変数を使ったデータの一時保存と利用方法**
- **コントロールの利用方法**
- **クラスに定義されたメソッドの利用方法**
- **アプリのコンパイルと実行方法**

この章ではアプリの画面を次のように作成します。

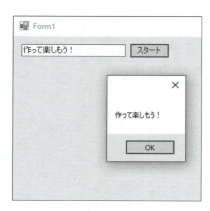

3.1 できあがりをイメージしよう

最初にVisual C#を用いて作成した基本的なアプリの動作を、サンプルアプリを実行してイメージしておきましょう。

サンプルアプリを動かしてみよう

この章では、Visual C#を用いて作成するアプリでどのようなことができるのかを学ぶため、テキストボックスとボタンだけがある簡単なアプリを作ります。実際に作業に入る前に、サンプルアプリを実行し、実際に動かして完成形をイメージしておきましょう。

> **参照ファイル**
> VC#2019入門¥サンプルアプリ¥第3章¥JankenBattle.exe

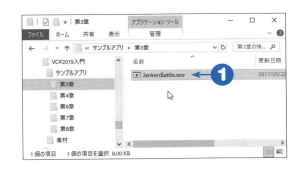

1 Windowsのエクスプローラーで本書のサンプルファイルの[VC#2019入門]－[サンプルアプリ]－[第3章]フォルダーを開き、[JankenBattle.exe]をダブルクリックする。

結果 アプリが起動し、画面が表示される。

2 アプリ画面のテキストボックスに**作って楽しもう!**と入力する。

3 [スタート]ボタンをクリックする。

結果 メッセージボックスが開き、「作って楽しもう!」と表示される。

4 [OK]をクリックする。

結果 メッセージボックスが閉じられる。

5 アプリ画面の右上隅の 閉じるボタンをクリックする。

結果 アプリが終了する。

> **参照**
> **本書のサンプルファイルを入手するには**
> [はじめに]のP.(3)

> **ヒント**
> **ゲームの実行に必要な環境**
> このゲームを実行するには、.NET Framework 4.7.2が必要です。第2章でVS2019と一緒にインストールされます。

作成したプロジェクトを開こう

アプリを開発するため、第2章で作成したプロジェクトをVS2019で開きましょう。

プロジェクトを開こう

この章では第2章で作成したプロジェクトを改良し、アプリを作成していきます。VS2019を再び起動して、スタートページからプロジェクトを開きましょう。

1 Cortana（コルタナ）を利用するため、Windowsの［スタート］ボタンの右側にある検索ボックスに **visu** と入力する。

結果 Cortanaによる検索が行われ、［スタート］メニューに登録された［Visual Studio 2019］が表示される。

2 ［Visual Studio 2019］をクリックする。

結果 VS2019が起動し、スタートウィンドウが表示される。

3 スタートウィンドウの右側の［プロジェクトやソリューションを開く］をクリックする。

結果 ［プロジェクトを開く］画面が表示される。

ここから選択して開くこともできる

Windows 7/8.1で検索するには

Windows 7の場合は、手順①で［スタート］ボタンをクリックして［プログラムとファイルの検索］ボックスに入力します。Windows 8.1の場合は、デスクトップを表示した状態で［スタート］ボタンを右クリックして［検索］をクリックし、表示された検索ボックスに入力します。

最近開いた項目

スタートウィンドウの左側にある［最近開いた項目］欄の下には、最近使ったプロジェクトが一覧で表示されます。ここから対象プロジェクトを選んで開くこともできます。

4 第2章で作成した［JankenBattle］プロジェクトのプロジェクトフォルダーを開き、［JankenBattle.sln］ファイルを選択する。

5 ［開く］をクリックする。

結果 ［JankenBattle］ソリューションが開き、ソリューションエクスプローラーにソリューション構成が表示される。

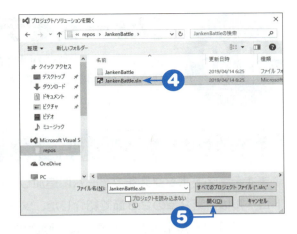

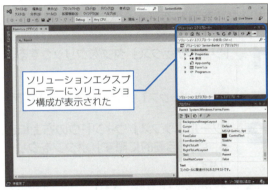

ソリューションエクスプローラーにソリューション構成が表示された

ヒント

プロジェクトを開く他の方法

Windowsのエクスプローラーで開きたいプロジェクトが保存されているプロジェクトフォルダーを開き、＜プロジェクト名＞.slnファイルをダブルクリックしても、プロジェクトを開くことができます。

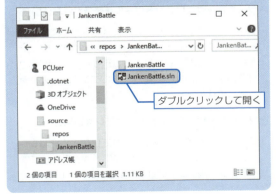

ヒント

VS2019のメニューからプロジェクトを開く方法

［ファイル］メニューをクリックし、［開く］-［プロジェクト/ソリューション］をクリックすることでも［プロジェクトを開く］画面を表示できます。

参照

プロジェクトフォルダーとは

第2章の2.3

3.2 作成したプロジェクトを開こう

フォームをデザインしよう

いよいよアプリ作成の開始です。まずはフォームにテキストボックスおよびボタンを配置していきましょう。

テキストボックスを追加しよう

まずテキストボックスをフォームに追加しましょう。テキストボックスをはじめとするコントロールは、第2章の2.3節で紹介した、ツールボックスから配置します。

ここではツールボックスを表示後、画面の左側に**ピン留め**して固定し、それからテキストボックスを選んでフォームに配置します。

1 ［ツールボックス］タブをクリックする。

結果 ［ツールボックス］ウィンドウが表示される。

2 ［ツールボックス］ウィンドウの右上にある ［自動的に隠す］ボタンをクリックする。

結果 ピンの向きが 縦に変わり、［ツールボックス］ウィンドウが画面の左端にピン留めされ、フォームと横並びで表示される。

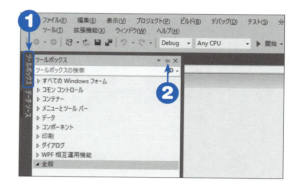

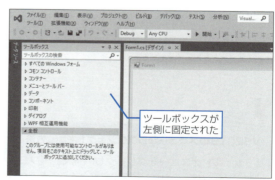

ヒント

ツールボックスにコントロールが表示されない場合

ツールボックスにコントロールが表示されていないときは、フォームデザイナーが表示されていることを確認してください。フォームデザイナーが表示されていないと、ツールボックスにコントロールが表示されません。

フォームデザイナーが表示されていない場合

フォームデザイナーが表示されていないときは、ソリューションエクスプローラーで［Form1.cs］ファイルをダブルクリックしてください。

ヒント

ツールボックスが表示されていない場合

ツールボックスが表示されていないときは、VS2019の［表示］メニューから［ツールボックス］をクリックしてください。

3 [コモンコントロール] タブをクリックする。

結果 [コモンコントロール] タブが展開され、各種コントロールが選択できるようになる。

4 [TextBox] をクリックする。

結果 マウスポインターの形が、テキストボックスを追加するモードに変わる。

5 アプリのフォーム上のテキストボックスを追加したい位置を、マウスでポイントし、クリックする。

結果 フォーム上にテキストボックスが追加される。このときクリックした場所がテキストボックスの左上の角の位置になる。

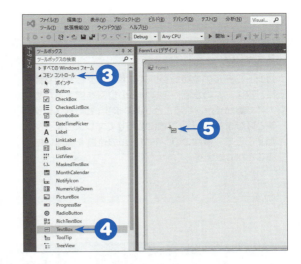

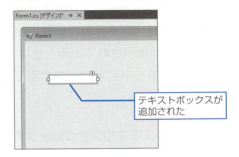

テキストボックスが追加された

テキストボックスを移動しよう

テキストボックスなどのコントロールは、マウスを使ってドラッグ＆ドロップすることで位置を移動できます。実際にやってみましょう。

1 テキストボックスをマウスでポイントする。

結果 マウスカーソルの形が十字型の矢印に変わる。

2 マウスカーソルの形が十字型の矢印の状態で、マウスのボタンを押し、そのまま左上方向にドラッグしてマウスのボタンを離す。

結果 テキストボックスの位置が移動する。

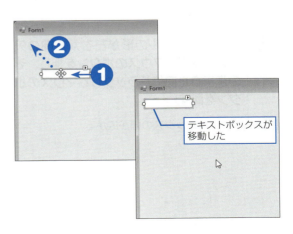

テキストボックスが移動した

3.3 フォームをデザインしよう **037**

スナップ線

コントロールの位置をマウスでドラッグしている最中に、フォームの左端や上端からの位置を揃えるためのガイド線が表示されることがあります。これを**スナップ線**と呼びます。スナップ線に合わせてマウスのボタンを離すことで、複数のコントロールの位置を簡単に揃えることができます。

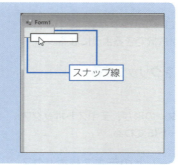

テキストボックスのサイズを変えよう

　コントロールをクリックすると、周囲に小さい白い四角が表示されます。これを**ハンドル**といいます。ハンドルが表示されているときは、コントロールが選択された状態を表しています。また、ハンドルをドラッグ＆ドロップすることで、コントロールのサイズを変更できます。実際にやってみましょう。

1 テキストボックスをマウスでクリックする。

結果 テキストボックスが選択され、周囲にハンドルが表示される。

2 テキストボックス右端のハンドルをマウスでポイントする。

結果 マウスカーソルの形が 左右双方向の矢印に変わる。

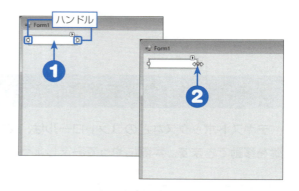

3 マウスカーソルの形が左右双方向の矢印の状態で、マウスのボタンを押し、そのまま右方向にドラッグしてマウスのボタンを離す。

結果 テキストボックスの幅が広がる。

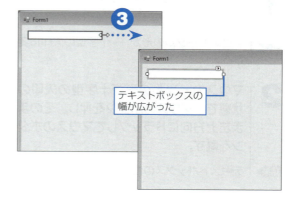

テキストボックスに名前を付けよう

　フォームに配置したコントロールには、区別しやすいよう名前を付けることができます。第2章の2.3節で紹介したように、コントロールの設定は**プロパティウィンドウ**から行います。名前を変更するには、プロパティウィンドウからテキストボックスの**Name（ネーム）プロパティ**を選択し、新しい名前を入力します。

　プロパティとはコントロールに用意された属性のことで、これまでに行った位置やサイズの変更も、実際にはVS2019が背後でプロパティを変更していたのです。プロパティの値を直接指定して行う位置やサイズの変更は、のちほどボタンを配置するときにやってみましょう。

1 テキストボックスをマウスでクリックして選択する。

2 プロパティウィンドウを一番上までスクロールし、[(Name)] をクリックして選択する。

結果 選択したNameプロパティの値が表示される。

3 右側のボックスに、あらかじめ入力されている「textBox1」という文字を Del キーで削除してから、すべて半角文字で **messageTextBox** と入力して Enter キーを押す。

結果 テキストボックスの名前が「messageTextBox」に変わり、プロパティウィンドウ内のコントロール選択ドロップダウンリストに表示される。

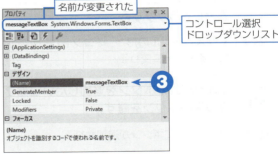

Nameプロパティの表示

Nameプロパティは、プロパティウィンドウでは「(Name)」のように()（丸かっこ）で囲まれて表示されます。

プロパティウィンドウが表示されていない場合

[表示] メニューの [プロパティウィンドウ] を選択することで、再表示できます。また、[プロパティウィンドウ] メニュー項目に表示されている「Ctrl+W, P」に従って、キーボードから Ctrl キーと W キーを同時に押したあと、続けて P キーを押しても表示できます。こういったアプリの機能を呼び出すキー操作のことを**ショートカットキー**と呼びます。

3.3　フォームをデザインしよう

039

注意

大文字/小文字、全角/半角の区別

C#では英字の大文字/小文字、全角/半角文字を厳密に区別して扱います。そのため、このあともキーボードから何か入力するときは、それがどこであっても大文字/小文字、全角/半角の違いに注意して入力するようにしてください。今自分が全角/半角のどちらを入力しているかは、タスクバーの通知領域に表示されているIMEのアイコンの表示で判断できます。「あ」なら全角、「A」なら半角です。幅の広い「Ａ」は全角なので注意してください。なお、C#のソースコードはキャプションやコメント（コードを読む人への注釈のこと。詳しくは第5章の5.3節を参照）などを除き、原則として半角の英数字・記号で記述します。

ボタンを追加しよう

次にボタンを追加しましょう。今度はテキストボックスのときとは違い、ツールボックスからドラッグ＆ドロップで追加してみましょう。

1 ［コモンコントロール］タブを展開し、［Button］をクリックしてから、フォーム上にドラッグする。

結果 マウスカーソルの形が ⬚ コントロールを追加するモードに変わる。

2 フォーム上のボタンを追加したい位置でマウスのボタンを離す。

結果 フォーム上にボタンが追加される。

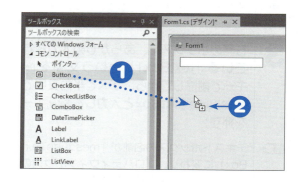

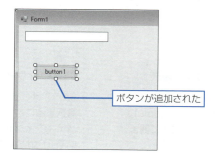

ボタンが追加された

ボタンを移動しよう

　ボタンもテキストボックスと同じように、マウスを使ってドラッグ＆ドロップすることで位置を移動することができます。スナップ線を有効に活用して移動してみましょう。

1 ボタンをマウスでポイントする。

結果 マウスカーソルの形が十字型の矢印に変わる。

2 マウスカーソルの形が十字型の矢印の状態でマウスのボタンを押し、そのままテキストボックスの右側にドラッグする。

結果 テキストボックスの文字の下端とボタンのキャプションの文字の下端が揃うようにスナップ線が表示される。

3 スナップ線が表示された状態でマウスのボタンを離す。

結果 ボタンの位置が移動する。

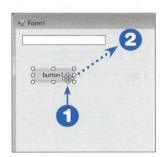
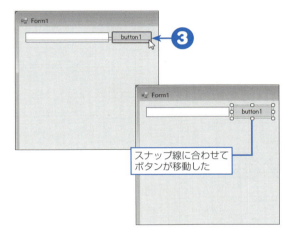

ボタンのキャプションを変えよう

　ボタンを追加した直後の**キャプション**（ボタンに表示される文字）は、「button1」のように、既定値の「コントロール名の小文字＋連番」になっています。このキャプションを、**Text（テキスト）プロパティ**を使ってアプリに合わせて変更しましょう。

1 ボタンをマウスでクリックして選択する。

結果▶ 選択したボタンのプロパティがプロパティウィンドウに表示される。

2 プロパティウィンドウで［Text］プロパティをクリックして選択する。

3 右側のボックスに全角文字で**スタート**と上書き入力してEnterキーを押す。

結果▶ ボタンのキャプションが「スタート」に変わる。

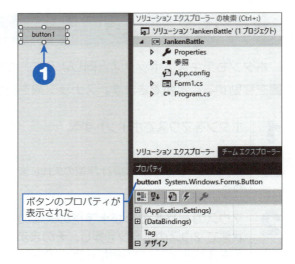

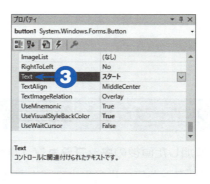

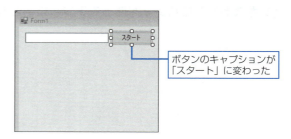

ボタンのサイズを変えよう

　コントロールのサイズはハンドルをドラッグ＆ドロップして変更する以外に、**Size（サイズ）プロパティ**に実際の幅、高さの値を設定することでも行えます。実際にやってみましょう。

1 プロパティウィンドウにボタンのプロパティが表示されていることを確認し、[Size] プロパティを選択する。

2 [Size] プロパティの左端の 田 十字型のアイコンをクリックする。

結果 Sizeプロパティが展開され、幅を表すWidth（ウィドゥス）プロパティと、高さを表すHeight（ハイト）プロパティが表示される。

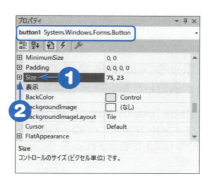

3 [Width] プロパティを選択する。

4 右側のボックスに **60** と上書き入力して Enter キーを押す。

結果 ボタンの幅が縮まる。

展開され、WidthとHeightが表示された

ヒント

Sizeプロパティの幅と高さの同時入力

Sizeプロパティを展開していないとき、その値は「75, 23」のように「幅」と「高さ」が「,」（カンマ）で区切られて表示されます。同じ形式で **60, 23** と入力することで、60がWidthプロパティに、23がHeightプロパティに設定されます。

Sizeプロパティの単位

Sizeプロパティの単位は**ピクセル**です。ピクセルとはディスプレイに表示される画像の大きさ、位置を表した単位で、例えば「フルHD」のディスプレイなら1920×1080ピクセルの画像を縮小せずに表示できます。

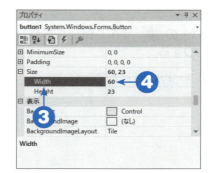

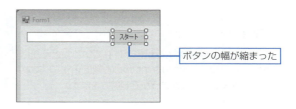

ボタンの幅が縮まった

3.3　フォームをデザインしよう

ボタンに名前を付けよう

ボタンにもテキストボックスと同様に名前を付けておきましょう。

1 プロパティウィンドウを一番上までスクロールし、[(Name)] をクリックして選択する。

2 右側のボックスに半角文字で **startButton** と入力して Enter キーを押す。

結果 ボタンの名前が「startButton」に変わり、プロパティウィンドウ内のコントロール選択ドロップダウンリストに表示される。

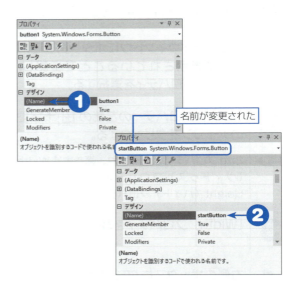

ソリューションを保存しよう

ここまでの操作で、アプリのフォームのデザインが終わりました。ここで一度作成したアプリを保存しておきましょう。

1 ツールバーの [すべて保存] ボタンをクリックする。

結果 編集中のファイルがすべて保存される。

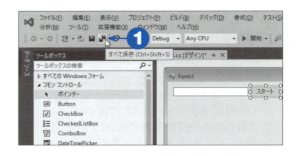

ヒント

編集中マーク

今編集しているファイルが保存されているかどうかは、開いているウィンドウのタイトルの右端に「*」（アスタリスク）が付いているかどうかで判断できます。

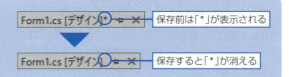

ツールバーのピン留めを解除しよう

フォームへのコントロールの配置を終えました。次の節からはコードの入力を行うため、ツールボックスが不要になります。ここで、ツールボックスのピン留めを解除しておきましょう。

1 ［ツールボックス］ウィンドウの右上の 📌 ［自動的に隠す］ボタンをクリックする。

結果 ピンの向きが横に変わり、ツールボックスのピン留めが解除され、［ツールボックス］ウィンドウの表示が折りたたまれる。

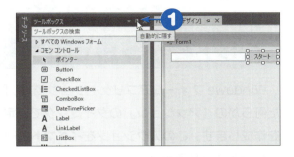

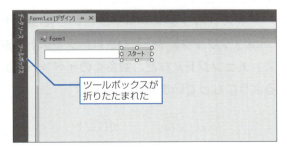

ツールボックスが折りたたまれた

3.3 フォームをデザインしよう　045

ボタンを押したときの処理を作ろう

サンプルアプリのフォームのデザインが終わったので、今度は処理に移りましょう。まず、ボタンを押したときに実行される処理を作ります。

イベントとイベントハンドラー

　Windowsフォームアプリケーションでは、「アプリを起動した」、「ボタンを押した」といった何らかの「アクション」のタイミングで特定の処理を行わせ、これらを組み合わせてアプリを作成します。このアクションを**イベント**と呼び、イベントが発生したときに実行する処理を**イベントハンドラー**といいます。

　テキストボックスやボタンといったコントロールには、クリックされたときに発生するClick（クリック）や、入力されたテキストが変更されたときに発生するTextChanged（テキストチェンジド）など、数多くのイベントがあり、ユーザーの操作に対して柔軟な対応を行えるようになっています。

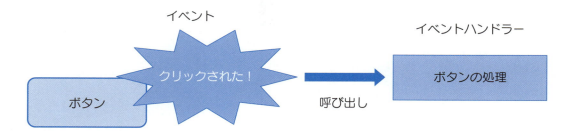

ボタンを押したときのイベントハンドラーを作ろう

では早速、「ボタンを押した」というイベントに対するイベントハンドラーを作ってみましょう。

1 フォームデザイナーで、ボタンをマウスでクリックして**選択する**。

結果 選択したボタンのプロパティがプロパティウィンドウに表示される。

2 プロパティウィンドウの ⚡ ［イベント］ボタンをクリックする。

結果 プロパティウィンドウの表示がイベントの一覧に変わる。

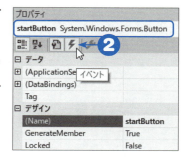

3 [Click]（クリック）イベントをマウスでクリックして選択状態にし、Enterキーを押す。

結果 startButtonのClickイベントに対するイベントハンドラー「StartButton_Click」が作成され、コードエディターで表示される。

4 [Form1.cs［デザイン］] タブをクリックして、フォームデザイナーの表示に切り替える。

5 プロパティウィンドウで、startButtonの[Click] イベントに、作成されたイベントハンドラー名「StartButton_Click」が設定されていることを確認する。

ヒント

プロパティウィンドウに内容が表示される条件

プロパティウィンドウのプロパティやイベントは、フォームデザイナーが表示されているときだけ、選択されているコントロールの内容が表示されます。コードエディターが表示されているときは、プロパティウィンドウに内容は表示されません。

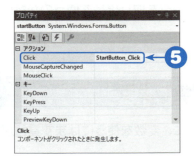

コードエディターとは

　フォームデザイナーがアプリのフォームをデザインする画面なら、**コードエディター**はアプリの処理をデザインする画面です。第1章でも説明したとおり、アプリの処理はプログラミング言語を使って「コード」として表現されます。このコードを編集するための画面がコードエディターです。コードエディターでは、アプリの処理をC#のコードとして記載していきます。

　Windowsフォームアプリはフォームデザイナーでフォームにコントロールを配置し、コントロールのイベントに対するイベントハンドラーを作成してコードエディターで処理を記載するということを繰り返しながら、少しずつ作成していきます。

テキストボックスに入力したデータを保管しよう

イベントハンドラーが作成できたところで、実際の処理内容の作成に移っていきましょう。まずは、フォームのテキストボックスに入力したデータを、表示するために一時的に保管しておくやり方を学びましょう。

変数を使おう

　アプリを作成するには、さまざまなデータを一時的に保管しておく必要があります。本書で作成するアプリでいえば、表示するメッセージ、勝ち負け、ラウンド数、勝敗数などがあります。こういったデータに名前を付けて取っておき、あとで取り出して使うための機能が**変数**です。例えば料理をしているときに、切った材料や調味料をそれぞれ別々にボウルや小皿に入れて調理台に置いておき、調理するときにそこから取って使うようなイメージです。

　変数を使うときは、**宣言**、**代入**、**参照**という順でコードを書きます。まずどんなデータを扱い何という名前を付けるのかを決めるのが宣言、宣言した変数に実際にデータを入れるのが代入、代入したデータを取り出して使うのが参照です。実際のコード例とともに詳しく見ていきましょう。

変数を宣言しよう

　前述したように、変数を使うにはまず宣言が必要です。変数の宣言は次の構文で行います。

 変数の宣言

　型 変数名;

　型とは変数に入れることができるデータの種類のことで、数値や日付、テキストなどを扱う型があります。型が指定された変数には、他の型のデータを入れることはできません。これによって、間違った値を入れにくくなり、コードの間違いを減らしてくれるのです。

　変数名には扱うデータを表す端的な名前を付けるとよいでしょう。ただし、数字で始まる名前、一部を除いた記号を含む名前は使えないため注意が必要です。

　それでは、テキストボックスに入力したテキストを保管するために、「text」という名前の変数を宣言してみましょう。

1 ソリューションエクスプローラーで [Form1.cs] をクリックして選択する。

2 <> [コードの表示] ボタンをクリックする。

結果 Form1.csのコードがコードエディターで表示される。

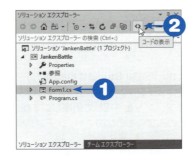

コードエディターが表示された

3 イベントハンドラー StartButton_Click の自動生成された「{」と「}」の間の行に、次のコードを追加する（色文字部分）。

結果 コードを追加した行の左端が、まだ保存されていないことを示す黄色に変わる。

```
private void StartButton_Click(object sender, EventArgs e)
{
    string text;
}
```

黄色に変わった

ヒント

[コードの表示] ボタンが表示されていない場合

ソリューションエクスプローラーの幅が狭いと、[コードの表示] ボタンが表示されないことがあります。その場合はソリューションエクスプローラーの幅を広げるか、右端の ボタンをクリックすると表示されます。

クリックすると隠れたアイコンが表示される

ヒント

コードを表示する他の方法

ソリューションエクスプローラーで [Form1.cs] を右クリックし、メニューから [コードの表示] を選んでコードエディターを表示することもできます。

> **ヒント**
>
> **コードのインデント**
>
> コードを入力するとき、Visual Studioは自動的にコードが読みやすくなるよう**インデント**（字下げ）を行います。コンパイラはインデントを無視して処理しますが、コードは人が読むために書くものなので、インデントが必要なのです。
>
> **ドキュメントのフォーマット**
>
> コードを入力するとき、誤ってインデントを削除してしまい、きれいにコードが並ばなくなってしまったら、コードエディターを表示した状態で［編集］メニューの［詳細］－［ドキュメントのフォーマット］を選択すると、VS2019がインデントを整えてくれます。

C#で使える主な型

先ほど宣言した変数textでは、テキストデータを扱うために**string**型を指定しました。C#で扱えるデータ型には、string型の他にもいろいろな種類があります。その代表的なものを次の表に示します。どのように使えばよいかは、あとの章で実際に使う際に改めて詳しく説明しますので、今は「こんな種類があるんだな」と覚えておくくらいでよいでしょう。

型	読み方	説明
int	イント	整数型：－2,147,483,648～2,147,483,647の整数を扱う
double	ダブル	倍精度浮動小数点数型：およそ±1.5×10の134乗～±1.7×10の308乗の浮動小数点数を扱う
char	チャー（キャラ）	文字型：単一の文字を扱う
string	ストリング	文字列型：複数の文字をつなげた文字列（テキスト）を扱う
bool	ブール	ブール型：true/falseの論理値（ブール値）を扱う
object	オブジェクト	オブジェクト型：すべての種類のオブジェクトを扱う

> **用語**
>
> **浮動小数点数**
>
> IEEE（アイトリプルイー）754で定められている、小数の値を符号部、仮数部、指数部に分けて扱う方法。例えば「－1230」という値があった場合、－（符号部）1.23（指数部）×10の3（指数部）乗のように表します。
>
> **論理値（ブール値）**
>
> ある条件を満たすかどうかを表す2つの値。満たすならtrue（トゥルー）、満たさないならfalse（フォルス）を使います。
>
> **object型**
>
> C#のすべての型の親となる型。object型の変数にはどんな型のデータでも入れることができますが、データを使うときは元の型に戻さないと使えません。

変数にテキストボックスの入力値を代入しよう

　先ほど宣言した変数textに、テキストボックスの入力値を代入しましょう。変数の代入は次の構文で行います。

構文　変数の代入

　変数名 ＝ 代入する値；

　左辺にデータを代入する変数、右辺に代入する値を書きます。そして、その間を半角文字の「＝」（等号、イコール）でつなぎます。この「＝」を**代入演算子**と呼びます。算数や数学では、「＝」は左辺と右辺の値が等しいことを表しますが、C#では意味が違い、「右辺の値を左辺に代入する」であることに注意してください。

　なお、1つ以上の値や変数に影響を及ぼす小さな処理を**演算**といい、そのために使う記号を**演算子**といいます。代入演算子の場合、「左辺に代入する演算」を行う記号ということになります。演算子には四則演算など、行う演算に応じて多くの種類が用意されています。詳しくは、以降の章で登場するたびに、その都度説明していきます。

　それでは、代入を行うコードを書いていきますが、変数の宣言に比べると、少し長いコードを書くことになります。そこで、VS2019のコードエディターに搭載された、**インテリセンス(IntelliSense)** という機能を活用します。

　インテリセンスは、コードを途中まで入力すると次に入力すべきコードの候補が表示され、入力を補助してくれる機能です。インテリセンスでは、型名や宣言した変数名、コントロール名を使ったコードが候補として表示されるため、キーボードからの入力文字数も減りますし、次に何をすべきかも案内してくれるため、コードを効率的に入力できます。

　インテリセンスを活用しながら、実際にコードを書いてみましょう。

1　イベントハンドラー StartButton_Click の中の変数textを宣言した行の末尾（セミコロン「;」の後ろ）に、カーソルを移動する。

3.5　テキストボックスに入力したデータを保管しよう　**051**

2 Enterキーを押す。

結果 「string text;」の下に行が追加され、カーソルが適切にインデントされた位置に移動する。

3 追加された行に **te** と入力する。

結果 インテリセンスにより、入力候補が表示される。

4 カーソルキーやマウスを使い、[text]を選択する。

5 [text] が選択されていることを確認して space キーを押す。

結果 インテリセンスで選択中だった [text] 変数が確定され、コードエディターに追加される。そして、手順⑤で入力した「 」（半角スペース）も追加される。

6 続けて、**= me** と入力する。「=」と「me」の間には半角スペースを入力する。

結果 インテリセンスで [messageTextBox] コントロールが入力候補に表示される。

7 カーソルキーかマウスで [messageTextBox] を選択して、.（ドット）を入力する。

結果 インテリセンスで選択中だった [messageTextBox] コントロールが確定され、コードエディターに追加される。そして、入力した「.」が追加され、新たな入力候補が表示される。

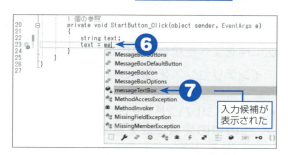

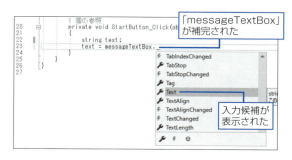

8 続けて、**te** と入力する。

結果　[Text] が候補に表示され、選択状態になる。

9 ;（セミコロン）を入力する。

結果　インテリセンスで選択中だった [Text] が確定され、コードエディターに追加される。そして、入力した「;」が追加される。

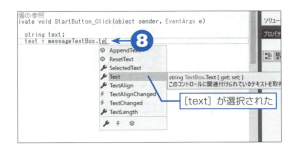

プロパティの使い方を知ろう

　先ほどのコードの右辺をもう少し詳しく見ていきましょう。このコードは、フォームに配置したテキストボックスの入力値を、**Textプロパティ**を通じて取得しています。このTextプロパティは、プロパティウィンドウを使って設定したのと同じものです。つまり、コントロールのプロパティは、コードからも値を設定したり、取得したりできるということです。

　プロパティへのアクセスは次の構文で行います。

構文　プロパティへのアクセス

コントロール名.アクセスするプロパティ

　フォームデザイナーを使ってNameプロパティに設定したコントロール名を使い、まず対象のコントロールを指定します。そして、「.」（ドット）で区切り、目的のプロパティ名を入力します。

変数の値をポップアップ画面で表示しよう

ここまで、変数を宣言し、テキストボックスの入力値を代入しました。次はこの変数の値を参照し、ポップアップ画面で表示してみましょう。

メッセージを表示しよう

Windowsフォームには、あらかじめ便利な機能が多数含まれています。今回はその中からポップアップ画面でメッセージを表示する機能を利用してみましょう。

1 イベントハンドラー StartButton_Click の中の変数を代入した行の下に、次のコードを入力する（色文字部分）。

```
private void StartButton_Click(object sender, EventArgs e)
{
    string text;
    text = messageTextBox.Text;
    MessageBox.Show(text);
}
```

上記のコードは**MessageBoxクラス**の**Showメソッド**を使い、変数textの値を参照してメッセージを表示するポップアップ画面である**メッセージボックス**を表示する処理です。変数の値を参照するには、使いたいところでその変数の名前を書くだけでよいのです。

ここで、**クラス**と**メソッド**という新しい言葉が出てきました。それぞれ詳しく説明していきましょう。

クラスについて知ろう

クラスとは特定の用途に使う処理や変数、プロパティなどを集めた「型」の一種です。実はこれまでに登場したフォームやコントロールも、その実体はクラスです。フォームに配置したテキストボックスやボタンなどのコントロールは、それぞれTextBoxクラス、Buttonクラスの変数として使うことができます。クラスを使うと、複雑な処理やデータをまとめて定義しておき、それを再利用できるので、同じようなコードを何度も書かずにすみます。

もちろん、クラスは自分でも自由に作ることができます。詳しくは第7章で紹介します。

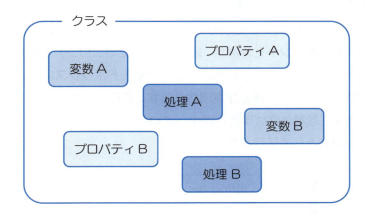

メソッドについて知ろう

　クラスに定義された処理のまとまりを**メソッド**といいます。アプリの機能は複雑でしかも多岐にわたります。メソッドを使うことで、こういった処理をより小さな処理に分け、それに名前を付けて再利用できるようになります。

　メソッドには、その中で利用するデータを**引数（ひきすう）**で渡すことができます。メソッド名の後ろの「()」（丸かっこ）で囲んだ部分が引数です。この例ではShowメソッドの「text」という引数に「text」という変数を渡しています。クラスと同様、メソッドも自分で作ることができます。詳しくは第5章で紹介します。

　クラスとメソッドの動きを踏まえた上でもう一度先ほどのコードの処理を説明すると、「MessageBoxというメッセージボックスを扱うクラスに用意されたShowメソッドというメッセージ表示処理に、変数textの値を渡して表示してもらう」と言い直すことができます。

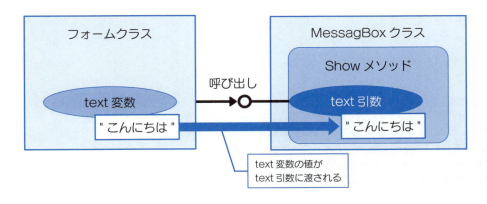

3.6　変数の値をポップアップ画面で表示しよう　**055**

コードが実行される順番を知ろう

　ここまで書いてきたコードは、イベントハンドラーの先頭から処理が始まります。実行される各行は**文**または**ステートメント**と呼ばれ、最後は「;」（セミコロン）で終わります。文が先頭から①、②、③のように順番に実行されることで「テキストボックスに入力したデータをポップアップ画面で表示する」という機能が実現されます。このような順番に文が実行されることを、**順次**とも呼びます。なお、文は1行に収まっている必要はなく、途中で改行しても「;」が出てくるまでは1つの文として処理されます。

他の文

文には「;」で終わる行の他にも、特定のキーワードと「{}」（波かっこ）で構成されるものもあります。詳しくは第5章以降で登場したときに説明します。

3.7 アプリを動かそう

それでは、作成したアプリを実際に起動し、操作してみましょう。

アプリを実行しよう

作成したアプリのコードをビルドして実行します。

1 ツールバーの ▶開始 ▼ [開始] ボタンをクリックする。

結果 先ほど書いたコードファイルが保存され、入力したコード行の左端が、保存が済んでいることを示す緑色に変わる。その後、プロジェクトのビルドが開始される。ビルドが正常終了すると、アプリが実行され、画面が表示される。「ビルドエラーが発生しました。」と表示された場合は、この節の最後の項「ビルドエラーに対処しよう」に進む。

緑色に変わった

用語

ビルド

ソリューションに含まれるプロジェクトすべてについて、コードファイルをコンパイルしてアプリの実行ファイルを作成する作業です。

アプリの画面が表示された

ヒント

その他の実行方法

アプリを実行するにはこのページの方法の他にも、右の画面のように [デバッグ] メニューの [デバッグの開始] をクリックすることでも可能です。また、F5キーを押してもかまいません。VSにはこのように、1つの機能を実行するのに複数の手段が用意されていることが多いので、自分の好みの方法を使えばよいでしょう。

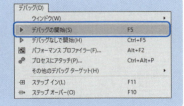

アプリを操作してみよう

ビルドに成功してアプリが実行されたら、作成したとおりに動くか操作してみましょう。

1 アプリ画面のテキストボックスに、全角文字で**作って楽しもう!**と入力する。

2 [スタート] ボタンをクリックする。

結果 メッセージボックスが開き、「作って楽しもう!」と表示される。

3 [OK] をクリックする。

結果 メッセージボックスが閉じる。

4 アプリ画面右上隅の × 閉じるボタンをクリックする。

結果 アプリが終了する。

ビルドエラーに対処しよう

前ページの手順❶で [開始] ボタンを押したときに、「ビルドエラーが発生しました。続行して、最後に成功したビルドを実行しますか?」と表示された画面 (「確認ダイアログ」と呼びます) が表示されることがあります。これはコードに間違いがあり、ビルドが行えなかったとき (これを**ビルドエラー**といいます) に表示される画面です。ビルドエラーが発生した場合、その原因を調べて修正する必要があります。

ここでは例として、「messageTextBox」コントロールの「B」を誤って小文字で入力して「messageTextbox」となっていた場合の対処方法について説明します。ページの手順❶でビルドエラーが発生したときも、次の説明を参考にしてください。

1 Form1.csファイルをコードエディターで開く。

2 StartButton_Clickの中の「messageTextBox」の大文字BをDelキーなどで削除し、「messageTextbox」に変更する。

結果 「messageTextbox」の箇所に、エラーを表す赤い波下線が表示される。

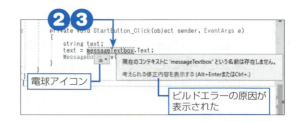
電球アイコン
ビルドエラーの原因が表示された

3 波下線が表示された箇所をマウスでポイントする。

結果 ビルドエラーの原因が表示される。

4 F5キーを押す。

結果 ビルドが行われるが、ビルドエラーとなり、「ビルドエラーが発生しました。続行して、最後に成功したビルドを実行しますか？」と表示された確認ダイアログが表示される。

5 確認ダイアログの[いいえ]ボタンをクリックする。

結果 確認ダイアログが閉じる。その後、[エラー一覧]ウィンドウが表示される。[エラー一覧]ウィンドウには、エラーとなった原因の説明、エラー箇所（プロジェクト名、ファイル名、行番号）が表示されている。

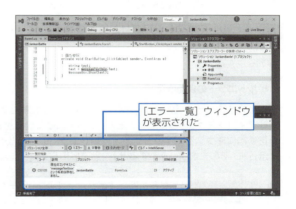
[エラー一覧]ウィンドウが表示された

6 [エラー一覧]ウィンドウの一覧から、❌ エラーアイコンが表示されている行をマウスで選択してダブルクリックする。このとき[コード]列の「CS0103」リンクをクリックするとWebブラウザーが開き、マイクロソフトの検索サービス「Bing」でエラー内容が検索されてしまうので、このリンクをクリックしないよう注意する。

結果 選択したエラーがあるファイルがコードエディターで表示され、エラー箇所にカーソルが移動する。

エラーアイコン

エラー箇所にカーソルが移動した

7 ［エラー一覧］のエラー内容によると「messageTextbox」という記述が間違っていることがわかる。この例では「messageTextBox」が正しいので、「Textbox」の「B」を大文字にして「TextBox」に修正する。

結果 エラーが解消され、エラー一覧から消える。また、コードエディターでエラーを表す赤い波下線も消える。

8 ［エラー一覧］にエラーが表示されていないことを確認し、F5 キーを押す。

結果 ビルドに成功し、アプリが実行される。

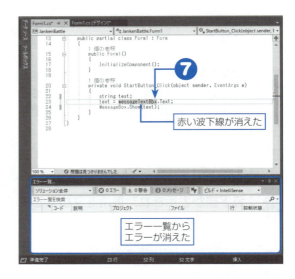

赤い波下線が消えた

エラー一覧から
エラーが消えた

ヒント

ビルドエラーの自動修正

ビルドエラーとなった箇所をマウスでポイントした際に表示される 電球アイコンをクリックすると、ビルドエラーの修正候補が表示されます。修正候補にマウスをポイントするとビルドエラーの原因とその修正方法が表示され、そのままクリックすると、自動でビルドエラーを修正してくれます。

エラーの原因とその修正法方が表示される

修正候補が表示される

～もう一度確認しよう！～ チェック項目

☐ ツールボックスからフォームにコントロールを追加できましたか？

☐ コントロールの位置やサイズを変更できましたか？

☐ ボタンクリックのイベントハンドラーを作成できましたか？

☐ 変数を宣言、代入、参照できましたか？

☐ コントロールのプロパティの値をコードから取得できましたか？

☐ MessageBoxクラスを使ってメッセージボックスを表示できましたか？

☐ アプリをビルドして実行できましたか？

第 **4** 章

ゲームの基本的な
画面を作ろう

いよいよゲームの作成に取りかかりましょう。最初は、
アプリのロゴやじゃんけんの手の画像など、基本的な
画面を作っていきましょう。

4.1 できあがりをイメージしよう

4.2 アプリのフォームを作ろう

4.3 ゲームエリアを作ろう

4.4 手を選択するボタンを作ろう

4.5 情報エリアを作ろう

4.6 フォームの挙動を変更しよう

この章で学ぶこと

この章では、アプリの見た目を整えるため、次の作業を行います。

①ゲームエリアの作成
②じゃんけんの手を選ぶボタンの作成
③情報エリアの作成

その過程を通じて、この章では次の内容を学習していきます。

- フォームの外観や動作の変更方法
- ピクチャボックスコントロールを用いた画像表示方法
- 画像ファイルとリソースの使い方
- ラベルコントロールを用いたテキストの表示と整形方法

この章ではアプリの画面を次のように作成します。画面左側がゲームエリア、その下に手を選ぶボタン、そして右側がロゴや［スタート］ボタンなどを配置する情報エリアです。

なお、この章ではゲームの画面だけ作成します。実際に処理を行うコードは、第5章から作成します。

できあがりをイメージしよう

本書では、敵とじゃんけんで勝負するゲームを、章に沿って読み進めながら徐々に作り上げていきます。この章では、ゲームの基本的な画面を作成します。実際に作成する前に、サンプルアプリを実行し、どんな画面にすればよいのかイメージしておきましょう。

サンプルアプリをプレイしてみよう

ゲームなどのアプリを作成するときは、どんな画面でどんな機能があるのかを事前に考えてから作成に入ります。この考える作業のことを**設計**といいます。本書ではプログラミングの基本を学ぶことに集中するため、設計についての詳しい解説は行いません。

その代わりに、本書のサンプルファイルに含まれるサンプルアプリを実際にプレイして、どんな画面でどんな機能があるのか、完成形をイメージしておきましょう。

参照ファイル
VC#2019入門¥サンプルアプリ¥第4章¥JankenBattle.exe

1 Windowsのエクスプローラーで本書のサンプルファイルの[VC#2019入門]-[サンプルアプリ]-[第4章]フォルダーを開き、[JankenBattle.exe]をダブルクリックする。

結果 「じゃんけんバトル」のゲーム画面がデスクトップの中央に表示される。

2 ゲーム画面の右下隅をマウスカーソルでポイントする。

結果 ウインドウサイズが変更できないため、マウスカーソルの形が変わらない。

3 ゲーム画面右上隅の × 閉じるボタンをクリックする。

結果 アプリが終了する。

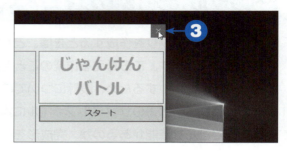

アプリのフォームを作ろう

最初に、ゲームに使う各種のコントロールを配置するために、フォームを整えていきましょう。不要なコントロールを削除し、名前とサイズを設定します。

不要なコントロールを削除しよう

　第3章で追加したテキストボックスは、これから作成するゲームには不要なので、ここで削除してしまいましょう。[スタート] ボタンのクリックイベントハンドラーの内部でも使っているので、フォームとコード両方から削除します。

1 Windowsの [スタート] メニューから VS2019を起動する。

2 スタートウィンドウの左側の [最近開いた項目] から [JankenBattle.sln] をクリックする。

結果▶ アプリのソリューションがVS2019で開く。

3 ソリューションエクスプローラーで [Form1.cs] ファイルをダブルクリックする。

結果▶ アプリのフォームがフォームデザイナーで表示される。

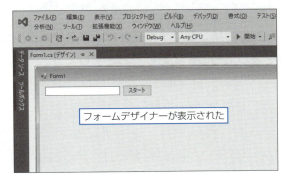

参照
VS2019を起動するには
第2章の2.2

4.2　アプリのフォームを作ろう　**065**

4 フォーム上のテキストボックスをクリックして選択する。

5 Delete キーを押す。

結果 テキストボックスが削除され、フォーム上の［スタート］ボタンが選択状態になる。

6 ［スタート］ボタンをダブルクリックする。

結果 コードエディターが表示される。

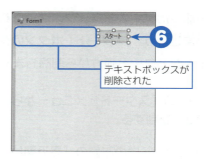

7 ［スタート］ボタンのクリックイベントハンドラーの処理を選択するため、コードの左側に表示された行番号22行目の少し右側をマウスでポイントし、矢印の先が右側を向いたら下方向に24行目までドラッグする。

結果 22行目から24行目が選択され、背景色が水色に変わる。

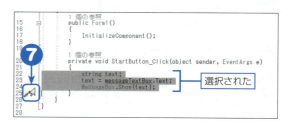

8 Delete キーを押す。

結果 選択した行が削除される。

9 削除した結果が画面のとおりになっていることを確認する。

フォームの名前を変更しよう

次に、第3章でテキストボックスやボタンの名前を変更したように、フォームの名前も実態を表したものに変更しておきましょう。

1 ソリューションエクスプローラーで[Form1.cs]を右クリックし、表示されたメニューから[名前の変更]を選択する。

結果▶ [Form1.cs]のファイル名が変更できる状態になり、「Form1」が反転表示される。

2 その状態のまま**MainForm**と入力し、Enterキーを押す。

結果▶ [Form1.cs]のファイル名が「MainForm.cs」に変更される。続いて、ファイル名の変更に伴うコードの変更に関する確認ダイアログボックスが表示される。

3 [はい]ボタンをクリックする。

結果▶ コードエディターで「Form1」の箇所が「MainForm」に変更される。

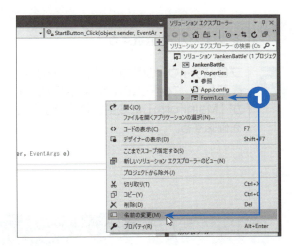

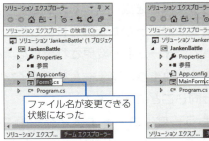
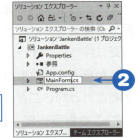

ファイル名が変更できる状態になった

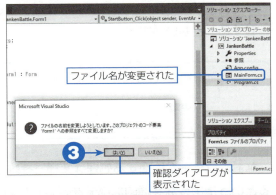

ファイル名が変更された

確認ダイアログが表示された

「MainForm」に変更された

4.2 アプリのフォームを作ろう　**067**

4 フォームデザイナーを表示し、フォームをクリックして選択する。

5 プロパティウィンドウで［(Name)］を表示して、フォームのNameプロパティが「MainForm」に変更されていることを確認する。

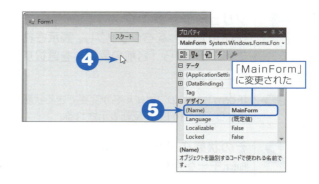

フォームもクラスのひとつ

　先ほど行った操作を振り返ってみましょう。ファイル名を変更すると、コードの同じ名前の部分を変更するかどうかも確認されました。そして、それに同意すると、今度はファイル名の変更に伴ってフォーム名も変更されました。これはなぜかというと、フォームも**クラス**のひとつだからです。つまり、フォームをデザインするということは、独自のフォームクラスを作成することと同じことになります。

　ここでもう一度、コードエディターのコードを振り返ってみましょう。「public partial class MainForm : Form」で始まり「{」と「}」で囲まれているところが、独自のフォームクラスである「MainFormクラス」を作成したことを表したコードです。このことを「クラスを定義する」ともいいます。

```
public partial class MainForm : Form
{
    (中略)
}
```

　なお、フォームに関する処理は多様で複雑なので、フォームのキャプションを設定、表示するといったような共通的な部分を定義した**Formクラス**が、.NET Frameworkから提供されています。上記のクラス定義コードの中の「: Form」は、このFormクラスを元にして新たなMainFormクラスを作ることを示しています。このように他のクラスを元に新たにクラスを作ることを**派生**と呼び、派生したクラスでは元のクラスの機能を受け継いで使うことができます。そして、元にしたクラスを**基底クラス**、新たに作成したクラスを**派生クラス**といいます。今回はFormクラスが基底クラス、MainFormクラスが派生クラスになります。第5章以降では、このMainFormクラスにアプリの処理を記述していきます。

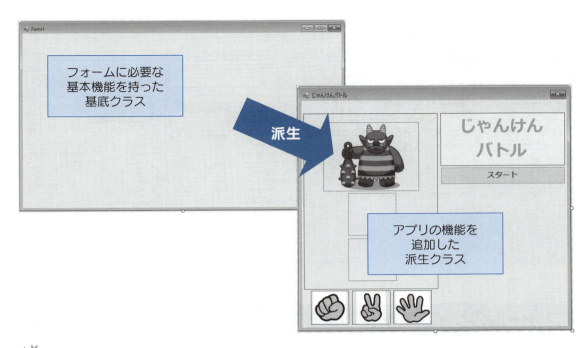

> **用語**
>
> **ブロック**
>
> C#のソースコードの中で「{」と「}」（波かっこ）で囲まれた範囲を**ブロック**と呼びます。ブロックの中にさらにブロックを入れ子にすることもできます。

フォームのキャプションを変更しよう

次にアプリのウィンドウのタイトルバーに表示されるフォームのキャプションを変更するため、**Textプロパティ**を設定しましょう。

1 フォームデザイナーでフォームをクリックして選択する。

2 プロパティウィンドウで［Text］を選択し、右側のボックスに**じゃんけんバトル**と入力して Enter キーを押す。

結果 フォームデザイナーでフォームのキャプションが「じゃんけんバトル」に変更される。

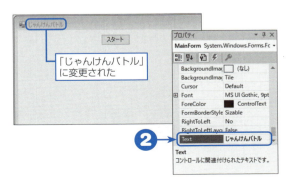

4.2 アプリのフォームを作ろう

069

プロパティの項目別表示

プロパティウィンドウでは、既定ではアルファベット順にプロパティが表示されていますが、これを見た目や挙動といった項目別に表示するには、 [項目別] ボタンをクリックします。アルファベット順に戻すには、 [アルファベット順] ボタンをクリックします。

[アルファベット順] ボタン

すべてのプロパティがアルファベット順に並ぶ

[項目別] ボタン

デザイン、フォーカスといった項目別に並ぶ

フォームのサイズを変更しよう

今度はアプリに必要なコントロールをすべて配置できる大きさに、フォームのサイズを変更しましょう。フォームのサイズは **Size（サイズ）プロパティ**で設定します。

1 フォームデザイナーでフォームを選択した状態で、プロパティウィンドウで [Size] を選択し、右側のボックスに **570, 570** と入力して Enter キーを押す。

結果 フォームデザイナーでフォームのサイズが縮小される。

フォームを選択中

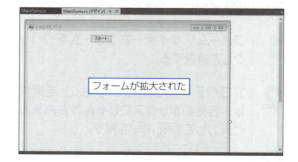

フォームが拡大された

第4章 ゲームの基本的な画面を作ろう

2 このあとフォームにコントロールを配置しやすいように［エラー一覧］ウィンドウを隠すため、ウィンドウ右上の 🛠 ［自動的に隠す］ボタンをクリックする。

結果▶ ［エラー一覧］ウィンドウが折りたたまれて、フォームデザイナーの領域が広がる。

エラー一覧が折りたたまれた

フォームを保存しよう

　フォームデザイナーでフォームを編集したら、こまめにファイルを保存しておきましょう。編集中のファイルを保存するには、ツールバーの 💾 ［保存］ボタンをクリックするか、Ctrl + S キーを押します。この操作はコードエディターでも同じです。以降、本書の解説では保存する手順を省略しますが、何らかの要因で突然VS2019が終了したり、PCが異常終了したりすると、せっかく作業した結果が失われてしまいますので、こまめに保存しながら進めるようにしてください。

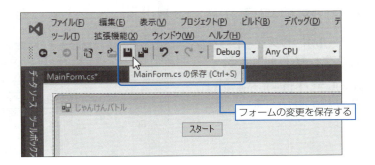

フォームの変更を保存する

4.3 ゲームエリアを作ろう

次に、じゃんけんゲームを実際に行う画面左側のゲームエリアを作っていきます。ゲームエリアには新たにパネル、ピクチャボックスといったコントロールを使います。

ゲームエリアを追加しよう

　画面左側のゲームエリアは枠で囲まれていて、中に他のコントロールが配置されています。このような用途に使えるのが**パネル（Panel）コントロール**です。パネルコントロールには、フォームと同じように、ツールボックスからテキストボックスなどの他のコントロールを配置できます。このようなコントロールを**コンテナー**といい、パネル以外にもいくつかあります。

　それでは、フォームにパネルコントロールを配置していきましょう。

1 フォームデザイナーを表示する。

2 ［ツールボックス］タブをクリックする。

結果 ツールボックスが表示される。

3 ［コンテナー］をクリックする。

結果 ［コンテナー］が展開され、［Panel］などのコンテナーコントロールが表示される。

4 ［Panel］をツールボックスからドラッグ＆ドロップしてフォームに配置する。

結果 フォームにパネルコントロールが追加され、ハンドルが付いた枠が表示される。

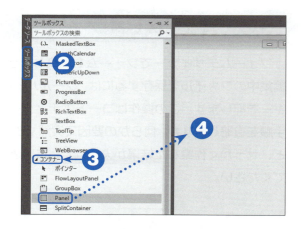

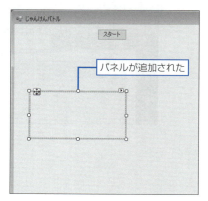

ゲームエリアの場所と見た目を整えよう

次に、追加したパネルの場所を画面左側に移動し、拡大して枠を表示します。

名前と大きさは、テキストボックスやボタンと同様に**Nameプロパティ**と**Sizeプロパティ**で設定します。

場所を移動するには、 ![移動] 移動アイコン（四角の中に十字の矢印）をドラッグ＆ドロップしてもよいですが、今回は場所を正確に指定したいので、**Location（ロケーション）プロパティ**に数値で場所を指定します。値は「フォーム内左端からの位置，フォーム内上端からの位置」という形式で、カンマ（,）で区切って指定します。

枠線を表示するには、**BorderStyle（ボーダースタイル）プロパティ**に「FixedSingle（フィックスドシングル）」を選択して設定します。

それでは、順に見ていきましょう。

1 フォームデザイナーで、先ほど追加したパネルコントロールをクリックして選択する。

2 プロパティウィンドウで、パネルのプロパティを次の表のように設定する。

プロパティ名	値
(Name)	gameAreaPanel
Location	4, 30
Size	280, 410

結果 パネルが大きくなり、フォームの左側に移動する。

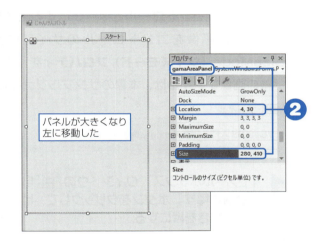

3 パネルを選択した状態で、プロパティウィンドウで［BorderStyle］をクリックして選択する。

結果 右側の欄に ▼ ドロップダウンボタンが表示される。

4 表示された ▼ ドロップダウンボタンをクリックし、選択肢から［FixedSingle］を選択する。

結果 パネルの枠線が黒色に変わる。

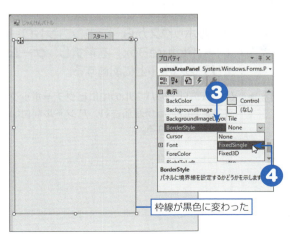

4.3 ゲームエリアを作ろう

073

Locationプロパティの内訳

Locationプロパティを展開すると、Sizeプロパティと同様に2つのプロパティが現れます。画面左端からの位置は**Left（レフト）プロパティ**、画面上端からの位置は**Top（トップ）プロパティ**で個別に指定できます。

BorderStyleプロパティの他の値

BorderStyleプロパティの他の値には、「None（ノン、もしくはナン）」（枠線なし、既定値）と、「Fixed3D（フィックスドスリーディー）」（立体的な枠線）があります。

敵の画像を表示しよう

　ゲームエリアの準備ができたので、今度はその中身を作っていきましょう。最初はゲームエリア内の上部に、じゃんけん相手となる敵の画像を表示しましょう。

　画像を表示するには、**ピクチャボックス（PictureBox）コントロール**を使います。ピクチャボックスコントロールでは、表示する画像を**Image（イメージ）プロパティ**に指定します。また、画像をコントロールのサイズに合わせて縦横比を維持して拡縮するため、**SizeMode（サイズモード）プロパティ**を「Zoom（ズーム）」にします。

　敵の画像ファイルは、本書のサンプルファイルの素材フォルダーに用意されています。

参照ファイル

VC#2019入門¥素材¥enemy.png

1 ［ツールボックス］ウィンドウの［自動的に隠す］ボタンをクリックして、ピンの向きを縦にする。

結果 ツールボックスの表示がピン留めされる。

2 ツールボックスから［コモンコントロール］-[PictureBox]を選択し、ゲームエリアのパネル上に配置する。

結果 ゲームエリアのパネルの中にピクチャボックスコントロールが追加され、ハンドルが付いた枠が表示される。

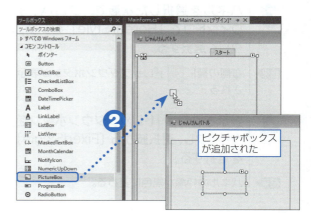

3 プロパティウィンドウで、ピクチャボックスのプロパティを次の表のように設定する。

プロパティ名	値
(Name)	enemyPictureBox
Location	40, 20
Size	200, 160
SizeMode	Zoom

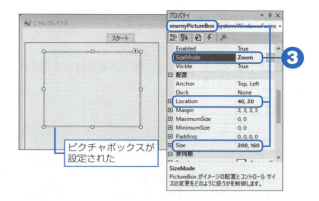

結果 ピクチャボックスのサイズと位置が変わる。

4 プロパティウィンドウで［Image］を選択し、… ダイアログボックス表示ボタンをクリックする。

結果 ［リソースの選択］ダイアログボックスが表示される。

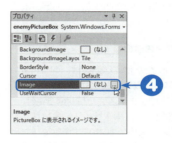

5 ［リソースコンテキスト］の［ローカルリソース］をクリックし、［インポート］ボタンをクリックする。

結果 ［開く］ダイアログボックスが表示される。

6 本書のサンプルファイルの［素材］フォルダーを開き、［enemy.png］を選択して［開く］ボタンをクリックする。

結果 ［リソースの選択］ダイアログボックスに戻り、選択した画像が画面右側にプレビュー表示される。

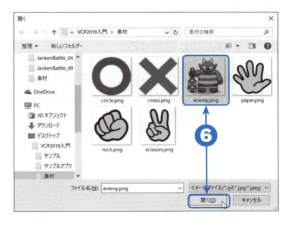

ヒント

ツールボックスのピン留め／ピン留め解除

ツールボックスの表示は、そのとき行っている操作に応じて作業がしやすくなるよう、ピン留めとピン留め解除を適宜切り替えるとよいでしょう。以降の解説では、ピン留めを切り替える手順を省略します。

[OK] をクリックする。

結果 ピクチャボックスに敵の画像が縮小されて表示される。

> **ヒント**
>
> **コンテナー内でのLocationプロパティ**
>
> パネルなどのコンテナーコントロール内に配置したコントロールのLocationプロパティの値は、フォーム内での位置ではなく、そのコントロールが配置されたコンテナーコントロール内での位置で指定します。
>
> **SizeModeプロパティの他の値**
>
> SizeModeプロパティの他の値には、「Normal（ノーマル）」（拡縮なし、既定値）、「StretchImage（ストレッチイメージ）」（サイズいっぱいに拡縮）、「AutoSize（オートサイズ）」（画像サイズに合わせてコントロールのサイズを変更）、「CenterImage（センターイメージ）」（コントロール中央に拡縮なしで配置）があります。

敵の画像が表示された

敵と自分の手を表示する準備をしよう

ゲームエリアにはじゃんけんをしたときに敵と自分の「手」を表示する場所が必要です。これらもピクチャボックスで作ります。ピクチャボックスを1つ追加して設定したら、もう1つはコピーして作りましょう。

1 敵の手の表示用に、ツールボックスからピクチャボックスを1つ、ゲームエリアパネル内に追加する。

2 プロパティウィンドウで、追加したピクチャボックスのプロパティを右の表のように設定する。

プロパティ名	値
(Name)	enemyHandPictureBox
Location	92, 184
Size	100, 100
SizeMode	Zoom

3 フォームデザイナーで、手順❷で設定したピクチャボックスを右クリックし、［コピー］をクリックする。

結果 選択したピクチャボックスの情報がコピーされる。

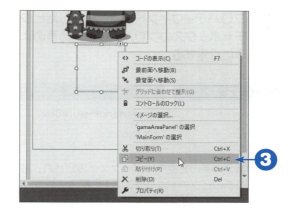

4 ゲームエリアのパネルを右クリックし、［貼り付け］をクリックする。

結果 パネルの中央に、コピーしたものとNameプロパティ以外が同じピクチャボックスが複製されて追加される。このピクチャボックスを自分の手の表示用に使う。

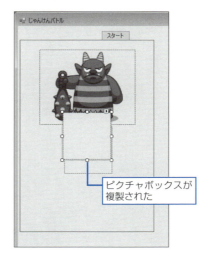

ピクチャボックスが複製された

キーボードを使ったコピー、貼り付け

WordやExcelなどのOfficeアプリケーションと同様に、Ctrl＋C（コピー）、Ctrl＋V（貼り付け）というショートカットキーを使っても、コピー、貼り付けができます。

4.3 ゲームエリアを作ろう **077**

プロパティウィンドウで、複製したピクチャボックスのプロパティを次の表のように設定する。

プロパティ名	値
(Name)	playerHandPictureBox
Location	92, 290

結果 自分の手のピクチャボックスが設定され、敵の手のピクチャボックスの下に配置される。

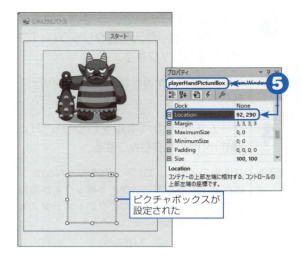

4.4 手を選択するボタンを作ろう

ゲームエリアができたので、今度は、実際にじゃんけんをする際にどの手にするか選ぶためのボタンを作っていきましょう。画像を使ったボタンなので、ピクチャボックスを使って作成します。

ボタン用のピクチャボックスを追加しよう

　ボタンと同様にピクチャボックスもクリックイベントを持っているので、画像を持つボタンとして代用できます。ただ、ボタンだと判別しやすいよう、BorderStyleプロパティに「FixedSingle」を設定して枠を表示し、**Cursor（カーソル）プロパティ**に「Hand（ハンド）」を設定して、マウスをポイントしたときにカーソルが👆手の形になるようにしましょう。最初にグーのボタンを作ったあと、それをコピーしてチョキとパーのボタンを作っていきます。

　また、じゃんけんの手は、ゲームエリア内にも表示するので、アプリ内で画像が利用しやすいように**リソース（Resource：資源）**としてプロジェクトに登録しておきましょう。

1 グーボタンの表示用に、ツールボックスからゲームエリアパネルの下にピクチャボックスを追加し、プロパティを次の表のように設定する。

プロパティ名	値
(Name)	rockButtonPictureBox
BorderStyle	FixedSingle
Cursor	Hand
Location	18, 444
Size	80, 80
SizeMode	Zoom

結果 ゲームエリアパネルの下にピクチャボックスが追加される。

2 プロパティウィンドウで［Image］を選択し、… ダイアログボックス表示ボタンをクリックする。

結果 ［リソースの選択］ダイアログボックスが表示される。

4.4 手を選択するボタンを作ろう **079**

3 [リソースコンテキスト]の[プロジェクトリソースファイル]をクリックし、[インポート]ボタンをクリックする。

結果 [開く]ダイアログボックスが表示される。

4 本書のサンプルファイルの[素材]フォルダーを開き、Ctrlキーを押しながら[rock.png]、[paper.png]、[scissors.png]をクリックして選択し、[開く]ボタンをクリックする。

結果 [リソースの選択]ダイアログボックスに戻り、[プロジェクトリソースファイル]の下のリストボックスに、手順❹で選択した画像が表示される。

5 [プロジェクトリソースファイル]の下のリストボックスで[rock]をクリックして選択する。

結果 画面右側にグーの画像がプレビュー表示される。

6 [OK]をクリックする。

結果 ピクチャボックスにグーの画像が縮小されて表示される。

リソースコンテキストの違い

リソースを扱う方法を選ぶリソースコンテキストには、「ローカルリソース」と「プロジェクトリソースファイル」があります。
ローカルリソースはその画面だけで使えるリソースで、敵の画像のように途中で変更されないケースで使います。一方、プロジェクトリソースファイルはプロジェクト内で共有されるリソースで、じゃんけんの手の画像のように切り替えて使うケースで使います。なお、リソースは**リソースファイル**（拡張子.resx）にその情報が保存され、ローカルリソースは＜フォーム名＞.resx、プロジェクトリソースファイルはPropertiesフォルダー内のResources.resxで管理されます。

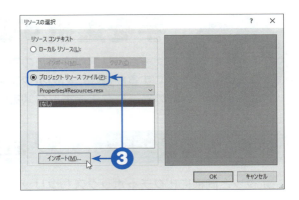

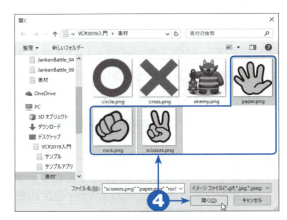

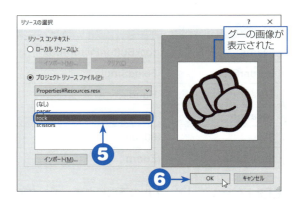

7 グーのピクチャボックス（rockButtonPictureBox）を、Ctrlキーを押しながら右方向にドラッグする。スナップ線に合わせて上端がrockButtonPictureBoxと揃い、左端の間隔も一定となる位置で、マウスのボタンを離してドロップする。

結果 rockButtonPictureBoxの右隣に、コピーしたものとNameプロパティ以外が同じピクチャボックスが複製される。

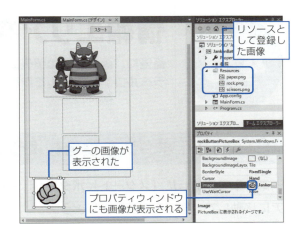

グーの画像が表示された

プロパティウィンドウにも画像が表示される

8 複製したピクチャボックスのプロパティを次の表のように設定する。

プロパティ名	値
(Name)	scissorsButtonPictureBox

9 手順❽で設定したピクチャボックスのImageプロパティに対し、手順❷と同様に［リソースの選択］ダイアログボックスを表示し、手順❺～❻と同様に、［プロジェクトリソースファイル］の［scissors］を選択して設定する。

結果 チョキボタンのピクチャボックスが作成される。

チョキの画像が表示された

10 手順❼～❾を繰り返して、Imageプロパティに［paper］を設定したパーボタンのピクチャボックス「paperButtonPictureBox」を作成する。

結果 手を選択するボタンが揃う。

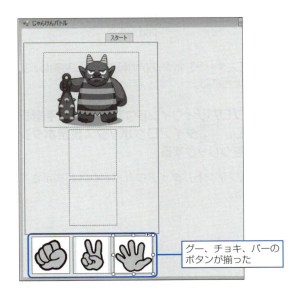

グー、チョキ、パーのボタンが揃った

4.4 手を選択するボタンを作ろう

4.5 情報エリアを作ろう

最後に、画面右側の情報エリアを作りましょう。ボタンを移動し、ロゴをラベルコントロールで作ります。

［スタート］ボタンを設定しよう

第3章で追加した［スタート］ボタンが、今はまだゲームエリア付近にあります。情報エリアに移動して、見た目を整えましょう。

1 フォームデザイナーで［スタート］ボタンをクリックして選択する。

2 プロパティウィンドウで、［スタート］ボタンのプロパティを次の表のように設定する。

プロパティ名	値
Location	290, 156
Size	260, 40

結果 ［スタート］ボタンが情報エリアに移動し、拡大される。

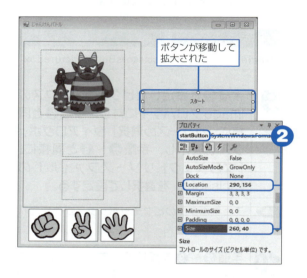

3 プロパティウィンドウで［Font］を選択し、… ダイアログボックス表示ボタンをクリックする。

結果 ［フォント］ダイアログボックスが表示される。

4 [フォント名]で[メイリオ]、[サイズ]で[12]を選択して[OK]をクリックする。

結果 [スタート]ボタンのキャプションのフォントがメイリオになり、文字サイズが大きくなる。

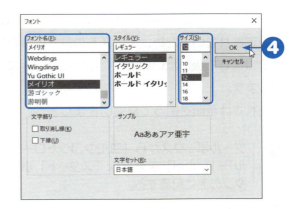

フォントが変わり、文字サイズが大きくなった

タイトルロゴを追加しよう

　最後に、じゃんけんバトルのロゴとなるテキストを表示しましょう。テキストを表示するには、**ラベル（Label）コントロール**を使います。ラベルコントロールには**Textプロパティ**に設定したテキストが表示されます。

　文字の配置を中央揃えにするには、**TextAlign（テキストアライン）プロパティ**に「MiddleCenter」を指定します。

　背景色および文字色は、すべてのコントロールで共通の**BackColor（バックカラー）**、**ForeColor（フォアカラー）プロパティ**で指定します。このとき、**カラーピッカー**と呼ばれる、色を選択するメニューを使えば、色を確認しながら設定できます。

ラベルコントロールのサイズは、既定で**AutoSize（オートサイズ）プロパティ**に「True」が設定されているため、テキストの長さに合わせてコントロールのサイズが変わります。今回はロゴとして扱いたいので、このプロパティに「False」を設定してサイズが変わらないようにします。

　それでは手順を追って見ていきましょう。

1 ツールボックスから［コモンコントロール］−［Label］を選択し、［スタート］ボタンの上に配置する。

結果 フォームにラベルコントロールが追加され、ハンドルが付いた枠が表示される。

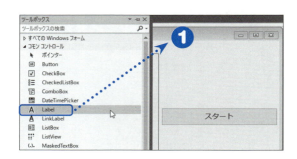

2 プロパティウィンドウで、ラベルのプロパティを次の表のように設定する。

プロパティ名	値
(Name)	logoLabel
AutoSize	False
BorderStyle	FixedSingle
Location	290, 30
Size	260, 122

結果 ラベルに枠が付き、サイズと位置が変わる。

3 プロパティウィンドウで［Font］を選択し、... ダイアログボックス表示ボタンをクリックする。

結果 ［フォント］ダイアログボックスが表示される。

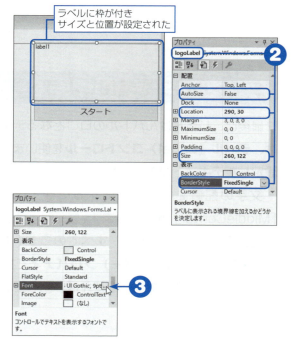

4 ［フォント名］で［メイリオ］、［スタイル］で［ボールド］、［サイズ］で［26］を選択して、［OK］をクリックする。

結果 ラベルのフォントが設定される。

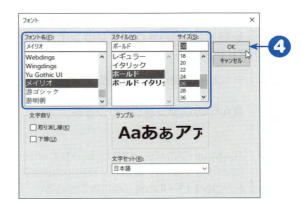

5 プロパティウィンドウで［Text］を選択し、▽ドロップダウンボタンをクリックする。

結果 複数行のテキスト入力欄が表示され、現在のTextプロパティの値「label1」が表示される。

6 「label1」を削除し、**じゃんけん**と入力したあとに Enter キーを押して改行し、**バトル**と入力して Ctrl ＋ Enter キーを押す。

結果 ラベルのテキストが「じゃんけんバトル」に変更され、「じゃんけん」と「バトル」の間で改行される。

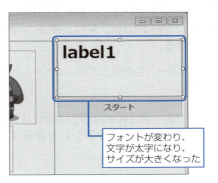

フォントが変わり、文字が太字になり、サイズが大きくなった

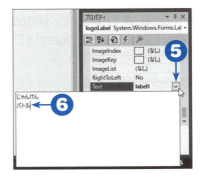

 ヒント

bool型プロパティのダブルクリックでの切り替え

AutoSizeプロパティのように、True、Falseといったbool型の値を指定するプロパティは、プロパティウィンドウでそのプロパティをダブルクリックすると、「True→False→True……」のように値を交互に切り替えることができます。

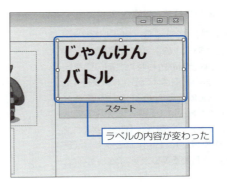

ラベルの内容が変わった

4.5 情報エリアを作ろう **085**

7 プロパティウィンドウで［TextAlign］を選択し、 ドロップダウンボタンをクリックする。

結果 テキスト位置選択ボタンが表示される。

8 真ん中のボタンをクリックする。

結果 TextAlignプロパティの値が「MiddleCenter（ミドルセンター）」になり、ラベルのテキストがコントロールの真ん中に表示される。

9 プロパティウィンドウで［BackColor］を選択し、 ドロップダウンボタンをクリックする。

結果 カラーピッカー（色を選択するメニュー）が表示される。

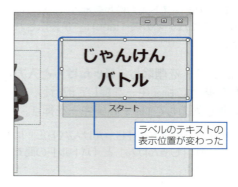

ラベルのテキストの表示位置が変わった

10 カラーピッカーの［Web］タブを選択し、［LightCyan］（ライトシアン）を選択する。

結果 ラベルの背景色が薄い水色になる。

11 手順 **9** ～ **10** を繰り返して、［ForeColor］プロパティに［BlueViolet］（ブルーバイオレット）を設定する。

結果 ラベルの文字色が青紫色になる。

 ヒント

TextAlignプロパティの値

TextAlignプロパティは「MiddleCenter（ミドルセンター）」のように、垂直方向と水平方向の位置を組み合わせた名前の値を設定します。垂直方向は「Top（トップ）」（上寄せ）、「Middle（ミドル）」（中央寄せ）、「Bottom（ボトム）」（下寄せ）、水平方向は「Left（レフト）」（左寄せ）、「Center（センター）」（中央寄せ）、「Right（ライト）」（右寄せ）という名前で表します。

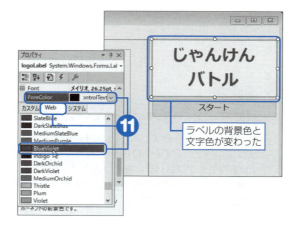

ラベルの背景色と文字色が変わった

フォームの挙動を変更しよう

ゲーム画面ができたところで、この章の最後に、アプリの実行時のフォームの挙動を変更するプロパティを設定しましょう。

フォームを画面の中央に表示しよう

　アプリを実行するとき、起動するたびにフォームの表示位置が変わると少し使いにくいので、常に画面の中央に表示するようにしましょう。

　起動時のフォームの位置は**StartPosition（スタートポジション）プロパティ**で設定します。StartPositionプロパティに「CenterScreen（センタースクリーン）」（画面中央）を設定することで、画面の中央に表示するようにできます。

　それでは、設定方法を見ていきましょう。

1 フォームデザイナーでフォームをクリックして選択する。

2 プロパティウィンドウで［StartPosition］を選択し、ドロップダウンリストから［CenterScreen］を選択する。

 アプリを起動すると画面の中央にフォームが表示されるようになる。

 注意

フォームそのものを選択するときの注意

ここまでの手順で、フォーム上にさまざまなコントロールを配置してきました。手順❶のようにフォームそのものを選択したいときは、コントロールが何も配置されていない部分をクリックするよう注意しましょう。コントロールが配置されている部分をクリックすると、そのコントロールが選択されてしまいます。

 ヒント

実行時に確認できるプロパティ

StartPositionプロパティのように、フォームデザイナーでは見た目が変わらず、実行時に初めてその違いがわかるようになるプロパティもたくさんあります。こういったプロパティもあるので、アプリを作成するときはこまめに実行して動作を確認するとよいでしょう。

フォームを指定した位置に表示するには

StartPositionプロパティに「Manual（手動）」を設定し、Locationプロパティで画面左上からの位置をピクセル単位で指定します。

4.6　フォームの挙動を変更しよう　**087**

フォームのサイズを変更できないようにしよう

　本書で作成するじゃんけんアプリは、フォームのサイズをプレイヤーが変更する必要がないので、サイズ変更できないようにしましょう。そのためにはフォームの**FormBorderStyle（フォームボーダースタイル）プロパティ**を、既定の「Sizable（サイザブル）」（サイズ変更可能）から、「FixedSingle（フィックスドシングル）」（固定された一本線）に変更します。

　また、￢最小化ボタン、□最大化ボタンも、それぞれ**MinimizeBox（ミニマイズボックス）、MaximizeBox（マキシマイズボックス）プロパティ**に「False」を設定して、表示されないようにしましょう。

1 フォームデザイナーでフォームが選択されている状態で、プロパティウィンドウで［FormBorderStyle］を選択し、ドロップダウンリストから［FixedSingle］を選択する。

結果▶ アプリの起動後、フォームのサイズ変更ができなくなる。

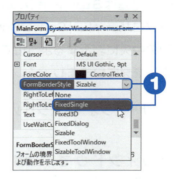

2 プロパティウィンドウで［MaximizeBox］を選択し、ドロップダウンリストから［False］を選択する。

結果▶ フォームの最大化ボタンが無効になる。

3 プロパティウィンドウで［MinimizeBox］を選択し、ドロップダウンリストから［False］を選択する。

結果▶ フォームの最小化ボタンと最大化ボタンが非表示になる。

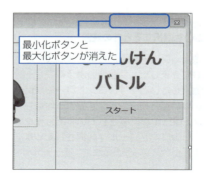

最小化ボタンと最大化ボタンが消えた

アプリを起動して確認しよう

フォームの作成が終わったので、ここまでの成果を実行して確認しましょう。

1 ツールバーの ▶開始 ▼ [開始] ボタンをクリックする。

結果 アプリのビルドが行われ、問題がなければアプリが起動する。

2 起動時のウィンドウ位置、サイズ、タイトルやアプリ画面の各項目（ゲームエリア、じゃんけんの手、情報エリア）の配置が、設定したとおりになっていることを確認する。

3 アプリ画面の最大化ボタンと最小化ボタンが表示されていないことを確認する。

4 アプリ画面右上の ✕ 閉じるボタンをクリックする。

結果 アプリが終了する。

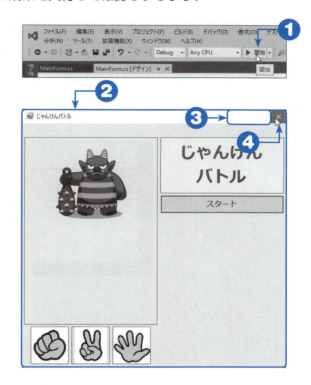

4.6　フォームの挙動を変更しよう

VS2019内のウィンドウの操作

　VS2019内のツールボックス、ソリューションエクスプローラー、プロパティウィンドウ、フォームデザイナーといった各ウィンドウは、ある程度自由にサイズを変更できます。サイズを変更するには、ウィンドウの境界線をマウスでドラッグします。

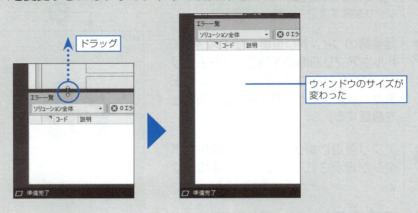

　不要なウィンドウを消すには、ウィンドウ右上の × 閉じるボタンをクリックします。

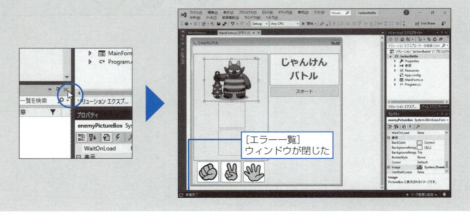

さらに、ウィンドウのタイトルバー部分をドラッグすることで、別ウィンドウに切り離すこともできます。

切り離したウィンドウは、ドラッグ中に表示されるドッキングマークの上にドロップすることで、既存のウィンドウとドッキング表示できます（真ん中は移動先ウィンドウと同じように表示します）。

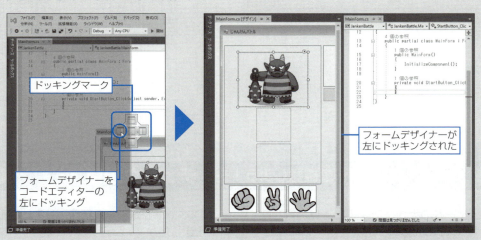

4.6　フォームの挙動を変更しよう

コラム Windowsフォーム以外のアプリを開発するには

　Windowsフォーム以外のアプリを開発するには、VS2019をインストールするときに、対象のプラットフォームに対応した［ワークロード］を選択します。例えば、Webアプリを作成するなら［Web＆クラウド］－［ASP.NETとWeb開発］を、AndroidやiOSのモバイルアプリを作成するなら［モバイル＆ゲーム］－［.NETによるモバイル開発］を選択します。

　ただし、WebアプリやモバイルアプリはWindowsフォームアプリとは動く仕組みや作り方がまるで違います。これらのアプリを作成するには、作成したいアプリに対応した入門書や入門記事を参照してください。

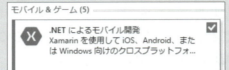

～もう一度確認しよう！～ チェック項目

- ☐ フォームの大きさを変えて、見た目を整えられましたか？
- ☐ ゲームエリアのパネルを配置し、ピクチャボックスに画像を表示できましたか？
- ☐ 手を選ぶグー、チョキ、パーボタンを、コントロールのコピーを活用して作成できましたか？
- ☐ ［スタート］ボタンを情報エリアに移動できましたか？
- ☐ ラベルを使ってタイトルロゴを作れましたか？
- ☐ フォームを画面中央に表示できましたか？
- ☐ フォームのサイズ変更ができなくなりましたか？

第 **5** 章

じゃんけんを
させてみよう

アプリの画面ができたところで、今度は少しずつゲームらしくしていきましょう。まずは、敵と１回じゃんけんを行えるようにしましょう。

5.1	できあがりをイメージしよう
5.2	じゃんけんに必要な処理を考えよう
5.3	グーを選んで表示させよう
5.4	敵の手をランダムに表示しよう
5.5	勝敗を判定しよう
5.6	チョキ、パーを選んでもじゃんけんができるようにしよう
5.7	ゲーム開始処理を作成しよう
5.8	できあがりを確認しよう

この章で学ぶこと

　この章では、第4章で作成した画面に処理を加え、1回じゃんけんができるようにするため、次の作業を行います。

①じゃんけんの手をクリックしたらその手の画像を表示する
②敵の手をランダムに表示する
③じゃんけんの勝敗をメッセージで表示する
④スタートボタンを押したらゲームを開始する

　その過程を通じて、この章では次の内容を学習していきます。

- じゃんけんの手、勝敗結果を表す列挙型の作り方と使い方
- Randomクラスを用いた乱数の使い方
- if文を用いた分岐処理の仕方
- 論理演算の考え方
- 独自のメソッドの作り方
- VS2019のリファクタリング機能
- アプリ起動時の処理の実行方法
- コントロールを無効にする方法

　この章を終えると、次の画面のようにじゃんけんができるようになります。

できあがりをイメージしよう

この章では、前の章で作成した画面に機能を追加して、じゃんけんができるようにしていきます。まずはサンプルアプリで、どういうことができるようになるのか、イメージを確認しましょう。

サンプルアプリをプレイしてみよう

前の章で作成した画面にどのような機能を追加すればじゃんけんができるようになるのか、サンプルアプリを実行して完成形をイメージしましょう。

> **参照ファイル**
> VC#2019入門¥サンプルアプリ¥第5章¥JankenBattle.exe

1 Windowsのエクスプローラーで本書のサンプルファイルの［VC#2019入門］－［サンプルアプリ］－［第5章］フォルダーを開き、［JankenBattle.exe］をダブルクリックする。

結果 「じゃんけんバトル」のゲーム画面が表示される。

2 ［スタート］ボタンをクリックする。

結果 メッセージボックスが開き、「ゲームスタート」と表示される。

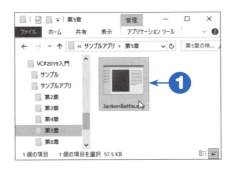

5.1　できあがりをイメージしよう　　**095**

3 ［OK］ボタンをクリックする。

結果 メッセージボックスが閉じる。

4 グー、チョキ、パーのいずれかをクリックする。

結果 じゃんけんが行われ、自分が選んだ手と敵の手が画面に表示される。その後、メッセージボックスが開き、勝敗結果が表示される。

5 ［OK］ボタンをクリックする。

結果 メッセージボックスが閉じる。

「ゲームスタート！」と表示される

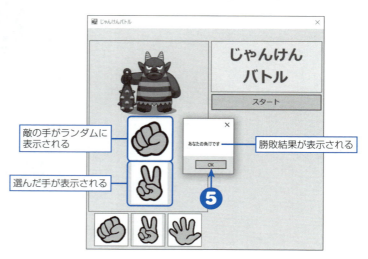

敵の手がランダムに表示される

選んだ手が表示される

勝敗結果が表示される

6 ゲーム画面右上隅の ✕ 閉じるボタンをクリックする。

結果 アプリが終了する。

5.1 できあがりをイメージしよう

5.2 じゃんけんに必要な処理を考えよう

実際にコードを書き始める前に、どのようにすればじゃんけんができるのか「設計」を行いましょう。

アルゴリズムを考えよう

　アプリの処理を行うコードを書いていくにあたって、まずは「何をすればよいのか」を考えてみましょう。「じゃんけんをする」と言ってしまえばたった一言ですが、それをアプリで表そうと思うと、途端にどこから手を付けてよいかわからなくなってしまうでしょう。コンピューターに処理をさせるためには、普段私たちが漠然と考えていることを具体的に表現しなければならないのです。このことを**設計**するともいいます。

　では、実際のところどうすればよいでしょうか。こんなときは一度に全部を考えようとしても難しいので、順を追って少しずつ考えて進めていくことが大事です。5.1節で実行したサンプルアプリを思い出しながら考えていきましょう。

　まず、「じゃんけんを行う」ためにどのような操作をするか考えます。最初に行うのは、画面下部に並んだ「手」を選んでクリックすることです。したがって、まずはグー、チョキ、パーといった手のクリックイベントハンドラーを作成すればよいことがわかります。

　手を選んだら次は何が起こるか考えましょう。相手とじゃんけんをするのですから、自分が選んだ手が見えないと勝敗がわかりません。つまり、次は自分が選んだ手の画像をゲームエリアに表示すればよいのです。

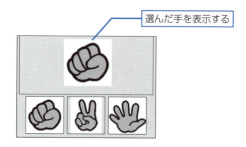

自分の手が決まって表示されたので、次は敵の番です。じゃんけんなので、相手がどの手を出すのかはわかりません。言い換えれば、敵の手をランダムに選ぶ必要があります。もちろん、選ばれた手は自分の手と同じようにゲームエリアに表示します。

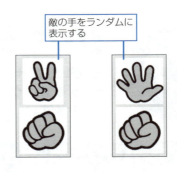

自分の手と相手の手が決まれば、あとはお互いの手を比べて勝敗結果を判定します。そして、その内容をメッセージで画面に表示します。

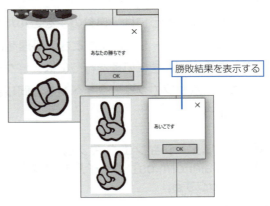

これで「じゃんけんを行う」とはどういうことなのかわかりました。このように、アプリの機能を実現するのに「何」を「どのような順番」で行うかを表したものを**アルゴリズム**と呼びます。アプリの設計とはアルゴリズムを考えることとも言えます。

なお、考えたアルゴリズムは次のような図で表すと、処理の流れがわかりやすく、他の人にも意図が伝わりやすくなります。この図は**フローチャート**と呼ばれ、アプリの設計を行うときに便利なツールのひとつです。

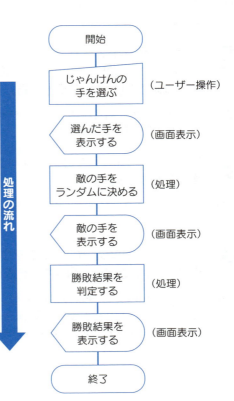

> ヒント
>
> **フローチャートの図形の意味**
>
> フローチャートに使う図形にはそれぞれ意味があります。例えば「じゃんけんの手を選ぶ」の台形は「ユーザー操作」、「選んだ手を表示する」の左が三角で右が丸い図形は「画面表示」、「敵の手をランダムに決める」の長方形は「処理」を表しています。

5.2 じゃんけんに必要な処理を考えよう

グーを選んで表示させよう

前の節で「設計」を行ったので、ここから順番にコードを書いていきましょう。まずは、「グー」を選んだら、グーの画像を表示するところまでを作っていきます。

グーのクリックイベントハンドラーを作成しよう

じゃんけんを行うには、自分の手を選んだタイミングで処理を開始する必要があります。そこで、まずは「グー」を選んだときの処理を作り、チョキとパーに展開していきましょう。

グーを選んだときに処理を行うには、ピクチャボックスコントロールのクリックイベントを使います。ボタンのクリックイベントと同じようにクリックイベントハンドラーを作成していきましょう。

1 ソリューションエクスプローラーで[MainForm.cs]ファイルをダブルクリックする。

結果 アプリのフォームがフォームデザイナーで表示される。

2 フォームデザイナーでグーのピクチャボックス（rockButtonPictureBox）をマウスでクリックして選択する。

結果 プロパティウィンドウにグーのピクチャボックスのプロパティが表示される。

3 プロパティウィンドウの ⚡ [イベント]ボタンをクリックする。

結果 プロパティウィンドウにイベント一覧が表示される。

4 [Click]（クリック）イベントをマウスでクリックして選択し、[Enter]キーを押す。

結果 rockButtonPictureBoxのClickイベントに対するイベントハンドラー「RockButtonPictureBox_Click」が作成され、コードエディターで表示される。

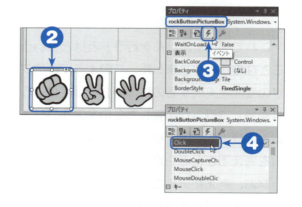

イベントハンドラーが新たに追加された

じゃんけんの手の表し方を考えてみよう

　次に、選んだ手をどう表現するか考えてみましょう。ぱっと思いつくのは、グー、チョキ、パーそれぞれに対応した数値や文字列を使うことです。例えば、グーは0、チョキは1、パーは2といった具合です。非常に小規模なアプリであれば、これでも十分用は足りるでしょう。

　しかし、このやり方には欠点があります。それは、誤って0、1、2以外の値を使っても、その値が同じ数値型の値であれば、コンパイルの時点では誤りに気づくことができないことです。仮にじゃんけんの手を表す変数を宣言して使うことを考えましょう。この変数では0、1、2の値を期待していますが、誤って3を代入してもコンパイルではエラーにならず、実行時に動作の不具合が起きて初めて間違っていたことがわかります。

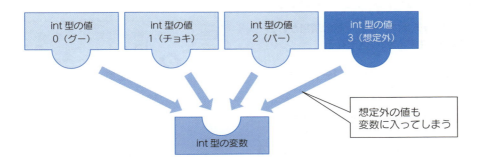

　そこで、C#にはある決まった値しか使えない型が用意されています。それが**列挙型**です。列挙型を使うと、直接数値などの値ではなく、グー、チョキ、パーという選択肢そのものを値として扱うことができます。これにより、そもそも選択肢にない値を扱うことができなくなります。

　実はこれまでも列挙型は知らず知らずのうちに使っていました。例えば、パネルコントロールの枠を指定したBorderStyleプロパティの型は、そのものずばりの「BorderStyle列挙型」でした。したがって、フォームデザイナーでは、BorderStyle列挙型のあらかじめ用意されていた選択肢を選んだことに等しいのです。

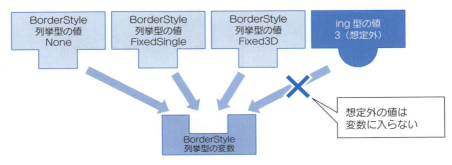

じゃんけんの手を表す型を作ろう

それでは、じゃんけんの手を表す列挙型を、独自に作成していきましょう。

1 ソリューションエクスプローラーで[JankenBattle]プロジェクトを右クリックし、[追加]-[新しい項目]を選択する。

結果▶ [新しい項目の追加]ダイアログボックスが表示される。

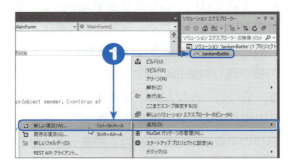

2 左ペインで[インストール済み]-[Visual C# アイテム]-[コード]を選択する。

結果▶ 画面中央のテンプレート一覧の項目が、コードに関するものに絞り込まれる。

3 テンプレート一覧から[コードファイル]をクリックして選択する。

結果▶ [名前]が「CodeFile1.cs」に変わる。

4 [名前]に入力された「CodeFile1.cs」を削除し、**JankenHand.cs**と入力する。

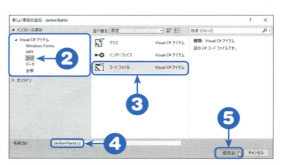

5 [追加]をクリックする。

結果▶ JankenBattleプロジェクトにJankenHand.csファイルが追加され、コードエディターで表示される。

6 コードエディターで、次のコードを入力して保存する（色文字部分）。

```
namespace JankenBattle
{
    enum JankenHand
    {
        Rock,
        Scissors,
        Paper
    }
}
```

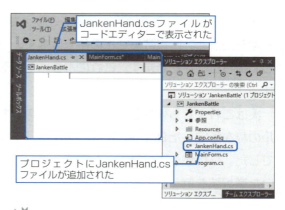

JankenHand.csファイルがコードエディターで表示された

プロジェクトにJankenHand.csファイルが追加された

ヒント

新しい項目を追加する他の方法

[プロジェクト]メニューから[新しい項目の追加]を選択しても、新しい項目を追加できます。また、メニュー項目に表示されているショートカットキー Ctrl+Shift+A でも可能です。

列挙型のコードを理解しよう

前項でじゃんけんの手を表す列挙型を作成しました。ここでは入力したコードの意味について、順に説明していきます。

```
namespace JankenBattle        ← 名前空間の指定
{
    enum JankenHand           ← 列挙型の定義
    {
        Rock,
        Scissors,             ← 列挙子リスト
        Paper
    }
}
```

最初に登場するのは「namespace JankenBattle」です。これは、**namespace（ネームスペース）キーワード**で**名前空間**として「JankenBattle」を指定しています。名前空間とは、型名に付ける名字のようなもので、たとえ同じ名前の型であっても名前空間が違えば別の型として扱われます。これにより、世界中の膨大なコードの中から特定の型を明確に指定できるのです。例えば、「MyApp」という独自の名前空間の中に独自に「String」という型を作ったとしても、.NET Frameworkに含まれるSystem名前空間のString型とは異なる型になります。

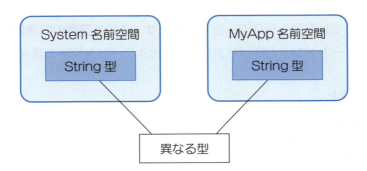

なお、「JankenBattle」はプロジェクト名と同じということに気づいたでしょうか。これはMainFormクラスの名前空間が既定ではプロジェクト名と同じになるため、それに合わせるためです。こうすることで、MainFormクラスと同じ名前空間に列挙型が所属することになり、名前空間名を省いて純粋に型名だけで扱えるようになります。

次に登場するのは「enum JankenHand」です。これは「JankenHand」という名前の列挙型を定義しています。このように、列挙型の定義には**enum（イーナム）**というキーワード

を用います。

　最後に、列挙型の選択肢として、Rock（ロック：岩、グーの英語名）、Scissors（シザー：はさみ、チョキの英語名）、Paper（ペーパー：紙、パーの英語名）を、コンマ「,」で区切って並べています。このそれぞれの選択肢のことを**列挙子**といいます。列挙子には、先頭から内部的に0から順番に値が割り当てられます。このことは、コードエディター上で列挙子をマウスでポイントすることで確認できます。したがって、列挙型とは数値に名前を付けて、手軽に扱えるようにしたものとも言えます。

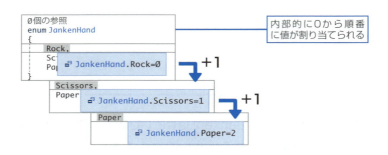

選んだ手を変数で表そう

　それでは、実際に選んだ手を表示する処理に入っていきます。まずは、選んだ手に応じた列挙型の値を、変数に格納しておきましょう。第3章では「変数を宣言し、その後代入」という手順でしたが、ここでは宣言と代入を一度に行います。これを**変数の初期化**といい、そのための構文は**初期化ステートメント**と呼ばれます。初期化ステートメントの構文は次のとおりです。

構文　初期化ステートメント

```
型名 変数名 = 初期値；
  または
var 変数名 = 初期値；
```

　ここで登場した**var（バー）**は初期化ステートメントのみで使える特殊なキーワードで、「＝」の右側部分（右辺）の型から変数の型を自動的に推測して設定してくれます。varを使うと、あとで右辺の初期値の型が変わっても変数宣言部分の修正が不要になります。コードもシンプルになるため、この先は基本的にvarを使っていきます。

　なお、このように文脈に応じて型を推測してくれることを**型推論**と呼びます。C#では変数の初期化以外にも、多くの箇所で型推論を行い、プログラミングを楽にする仕組みが備わっています。

それでは、実際に自分が選んだじゃんけんの手を表す変数を、初期化ステートメントで作成しましょう。varを使ってJankenHand列挙型の変数を初期化します。

1 ソリューションエクスプローラーで［MainForm.cs］をクリックする。

2 <> ［コードの表示］ボタンをクリックする。

結果 MainForm.csのコードがコードエディターで表示される。

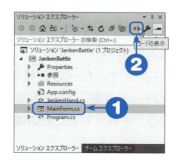

> 参照
> 【コードの表示】ボタンが表示されていないときは
> 第3章の3.4

MainForm.csファイルがコードエディターで表示された

3 この節の最初の項「グーのクリックイベントハンドラーを作成しよう」で作成したRockButtonPictureBox_Clickイベントハンドラーの最初に、次のコードを入力する（色文字部分）。

```
private void RockButtonPictureBox_Click(object sender, EventArgs e)
{
    var hand = JankenHand.Rock;
}
```

このコード例では、右辺の値がJankenHand型の列挙子Rockなので、hand変数の型もJankenHand型になります。もちろんvarで宣言した変数にも型が付くので、hand変数にあとで数値や文字列など他の型の値を入れようとしても、コンパイルエラーになります。

5.3 グーを選んで表示させよう

条件を満たすかどうかで選んだ手を判定しよう

　次に、選んだ手に対応した画像を画面に表示します。それには、ピクチャボックスのImageプロパティと同じImage型の変数を宣言し、選んだ手に応じた画像を第4章で作成したリソースから選んで代入します。

　選んだ手がグー、チョキ、パーのどれであるかは、先ほど作成したhand変数の値が、JankenHand型のグー、チョキ、パーの列挙子と同じかどうかで判定します。このように特定の条件を満たすかどうかを判定するための構文が**if（イフ）文**です。

構文　if文

```
if （①判定条件）
{
    ②判定条件を満たしたときの処理
}
else if （③第2の判定条件）
{
    ④第2の判定条件を満たしたときの処理
}
else
{
    ⑤いずれの判定条件も満たさないときの処理
}
```

　if文では**if**キーワードに続く丸かっこ「(」と「)」の中に、①判定条件をbool型の値、変数、判定式などを使って指定します。そして、指定した条件を満たすなら、波かっこ「{」と「}」で囲まれた②の処理が行われます。①の条件に合致しなかった場合は、引き続き**else if（エルス・イフ）**キーワードに続く「(」と「)」の中に、①とは別の③第2の判定条件を指定することができ、条件に合致すればそのあとの「{」と「}」で囲まれた④の処理が実行されます。「else if」は省略することもできますし、2つ以上書くこともできます。そして最後に、どの条件にも合致しなかった場合は、**else（エルス）**キーワードに続く「{」と「}」の間の⑤の処理が行われます。この「else」も、不要なら省略できます。

elseを省略したときの動作

elseを省略すると、if文で指定した条件を満たさないときには「何もしない」という動作になります。

選んだ手に対応する画像を表示しよう

それでは、実際に選んだ手に対応する画像を表示する処理を、if文を使って書いてみましょう。また、実行してここまでの動作を確認しましょう。

1 RockButtonPictureBox_Clickイベントハンドラーのhand変数の初期化ステートメントのあとに続けて、次のコードを入力する（色文字部分）。

```csharp
private void RockButtonPictureBox_Click(object sender, EventArgs e)
{
    var hand = JankenHand.Rock;

    Image handImage;
    if (hand == JankenHand.Rock)
    {
        handImage = Properties.Resources.rock;
    }
    else if (hand == JankenHand.Scissors)
    {
        handImage = Properties.Resources.scissors;
    }
    else
    {
        handImage = Properties.Resources.paper;
    }
    playerHandPictureBox.Image = handImage;
}
```

最初に、プレイヤーの手の画像を表す**Image型**の変数「handImage」を宣言します。次にif文を使って、選んだ手を表すhand変数がJankenHand列挙型のどの列挙子と等しいか、「=」（等号）を2つ重ねた**等値演算子**を使って判定します。等値演算子は「==」の左右の値が等しいときにtrue、等しくないときにfalseとなる演算子です。そして、hand変数の値に対応した画像データを、第4章でインポートしたリソースからhandImage変数に代入します。最後に、handImage変数をplayerHandPictureBoxのImageプロパティに設定することで、選んだ手の画像がゲームエリアに表示されます。

5.3　グーを選んで表示させよう　**107**

2 動作を確認するために F5 キーを押す。

結果▶ アプリのビルドが行われ、問題がなければアプリが起動する。

3 グーをクリックする。

結果▶ グーの画像が表示される。

4 アプリ画面右上隅の × 閉じるボタンをクリックする。

結果▶ アプリが終了する。

グーの画像が表示された

注意

「=」と「==」の違いに注意

C#では、「=」は代入、「==」は等値比較を意味します。まったく異なる意味を持っているので、その使い分けに注意が必要です。

ヒント

Paperとの等値比較を省略できるわけ

JankenHand列挙型はRock、Scissors、Paperと3つの値しか持たないため、RockでもScissorsでもなければ、あとはPaperであることが確定するので、Paperと比較する必要はありません。

コードに注釈を入れよう

　そろそろコードの量が増えてきたので、何をしているかわかりやすくなるようコードに注釈を入れておきましょう。コードに入れる注釈を**コメント**と呼び、1行だけなら「//」（スラッシュ2つ）に続けて記述し、複数行なら「/*」と「*/」（スラッシュとアスタリスクの組み合わせ）で囲んで記述します。なお、第3章の3.3節の注意「大文字/小文字、全角/半角の区別」でも述べたように、プログラムコードは原則として半角の英数字・記号で書きますが、コメントはコードを読む人へのメッセージなので、日本語でもかまいません。

　それでは、実際にコードにコメントを入力してみましょう。

1 RockButtonPictureBox_Clickイベントハンドラーに、次のコードを追加する（色文字部分）。

```
/*
    グーを選ぶ
    プレイヤーの手をグーにしてじゃんけんを行う。
*/
private void RockButtonPictureBox_Click(object sender, EventArgs e)
{
    // プレイヤーの手を「グー」にする
    var hand = JankenHand.Rock;

    // プレイヤーの手に応じた画像をゲームエリアに表示する
    Image handImage;

    ...(省略)...
}
```

選択範囲をコメントにするには

コードエディターで現在選択している部分をコメントにする（これを**コメントアウト**ともいいます）には、[編集]メニューの[詳細]-[選択範囲のコメント]を選択するか、Ctrl+Eキーを押したあとにCキーを押します。反対に、選択範囲のコメントを解除するには、同じく[編集]メニューの[詳細]-[選択範囲のコメントを解除]を選択するか、Ctrl+Eキーを押したあとにUキーを押します。

5.4 敵の手をランダムに表示しよう

自分で選んだ手を表示できたので、今度は乱数を使って敵の手をランダムに決めて表示していきましょう。

敵の手をランダムに決定しよう

　じゃんけんはグー、チョキ、パーという3つの手の中から手を選んで行います。これをゲームにするのであれば、敵の手のパターンが読めるようでは困ります。そうならないためには、敵の手は3つの手からランダムに選ぶ必要があります。

　ではどうやってランダムに選べばよいのでしょうか。5.3節ではじゃんけんの手を列挙型を用いて表しました。そして、それぞれの手には内部的に0、1、2の数値が割り当てられています。したがって、0から2の間の整数をランダムに決めて、その値に対応する手を表示するようにすればよいのです。このような、どの値が出るかわからない値のことを**乱数**といいます。

　.NET Frameworkには乱数を生成するための便利なクラス**Random（ランダム）**が用意されているので、今回はこのRandomクラスを使って0～2の乱数を生成してみましょう。

1 RockButtonPictureBox_Clickイベントハンドラーの最後（「}」のすぐ上の行）に、次のコードを追加する（色文字部分）。

```
private void RockButtonPictureBox_Click(object sender, EventArgs e)
{
    ...(省略)...
    playerHandPictureBox.Image = handImage;

    // 敵の手をランダムに決める
    var random = new Random();
    var enemyHandValue = random.Next(0, 3);
}
```

　まず「var random = new Random();」について見ていきましょう。この行は**new（ニュー）演算子**を使い、Randomクラスから新しい**オブジェクト（object：物）**を作成し、そのオブジェクトをrandom変数に設定しています。このようなnew演算子を使ってクラスから作成されたオブジェクトのことを**インスタンス（instance：実体）**と呼びます。

　クラスからインスタンスを作るのは、ちょうどたい焼きを作るようなものです。型がクラスで、たい焼きがインスタンスにあたります。たい焼きと同様に、同じ型から複数のインスタン

スを作ることができます。また、あんこ、クリーム、チョコレートなど異なる中身のたい焼きが作れるように、インスタンスごとに内部の状態を変えることもできます。

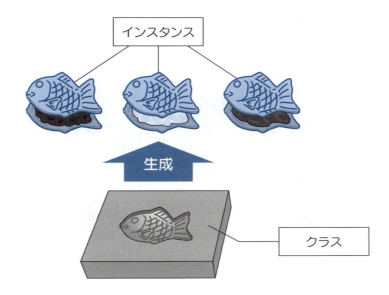

　そうして作ったRandomeクラスのインスタンスを使い、実際に乱数を生成します。そのコードが次の行の「random.Next(0, 3)」の部分です。これは第3章の3.6節に登場した「MessageBox.Show」と同様に、RandomクラスのNext（ネクスト）メソッドを呼び出しています。引数には、最初が最小値の0、次が最大値の3を指定しています。RandomクラスのNextメソッドは最小値以上最大値未満の整数を返すので、結果として0、1、2のいずれかの整数がenemyHandValueに設定されます。

クラスメソッドとインスタンスメソッド

　第3章で登場したMessageBox.Showメソッドは、インスタンスを作成せずにクラスを指定するだけで呼び出すことができました。このようなメソッドは**クラスメソッド**と呼びます。クラスメソッドはほとんどの場合、引数の違いがそのまま処理結果に現れるようなケースで使われます。

　それに対して、RandomクラスのNextメソッドは必ずインスタンスを指定して呼び出す必要があります。このようなメソッドは**インスタンスメソッド**と呼びます。インスタンスメソッドは引数の他にインスタンスの内部状態によっても処理結果が変わるケースで使われます。Randomクラスの場合では、インスタンスの中には乱数を生み出すための「種」となる値や最

後に生成した値などの情報を内部状態として持っています。これらの情報と引数を使って、毎回違う値を生み出しているのです。

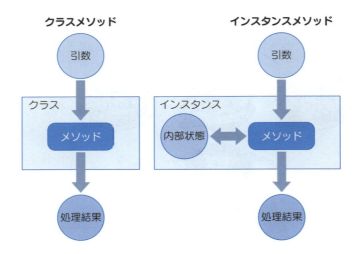

> **ヒント**
> **フォームのインスタンス**
> フォームもクラスのひとつであることは第4章で説明したとおりです。ではそのクラスの機能をどうやって使っているかというと、アプリを実行するとフォームのインスタンスが作成され、それが画面に表示されているのです。

> **ヒント**
> **クラスもオブジェクト**
> クラスのような型も、クラスメソッドなどの処理を持てることから、クラス自体も1つのオブジェクトとみなすことができます。

敵の手を列挙型に変換しよう

ランダムに決定した敵の手の値ですが、このままではint型であり、せっかく用意したJankenHand列挙型として扱うことができません。このようなときは**cast（キャスト）演算子**を使って、int型からJankenHand列挙型に変換します。

 先ほど入力した乱数生成コードの下に、次のコードを追加する（色文字部分）。

```
private void RockButtonPictureBox_Click(object sender, EventArgs e)
{
    ...(省略)...
    var enemyHandValue = random.Next(0, 3);
    var enemyHand = (JankenHand)enemyHandValue;
}
```

コード内の「(JankenHand)」のように、変数の前にある丸かっこ「(」と「)」で型名を囲んだ部分がcast演算子です。cast演算子はそのあとに続く変数などの値を、指定した型に変換します。この例では、仮にenemyHandValue変数の値が1だった場合、1に対応するJankenHand型のScissorsに変換され、enemyHand変数に設定されます。

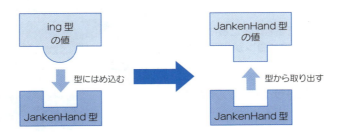

> **ヒント**
>
> **castの意味**
>
> 「cast」という単語には「型にはめ込む」という意味があり、cast演算子は値を変換するというよりは、目的の型に合うように成型するような働きをします。そのため、「1」という文字を「1」という数字にキャストしようとしても、人の目には同じように見えますが、コンピューターの内部ではまったく異なる値で扱っているため、キャストできずにエラーになります。

> **ヒント**
>
> **値もキャストできる**
>
> 変数だけでなく、「(JankenHand)0」のように値も直接キャストできます。

手の画像を決定する処理をメソッドにしよう

　敵の手をJankenHand列挙型の値として決定したので、次に対応する画像を表示しましょう。ところで、JankenHand列挙型の値から画像を決定する処理は、5.3節ですでに作成していましたね。そこで、この処理をメソッドにして、プレイヤーの手、敵の手の表示を同じメソッドを追加して処理できるようにしましょう。既存のコードをメソッドにするには、VS2109の**メソッドの抽出**機能を使うと便利です。

1 メソッドにする範囲として、RockButtonPictureBox_Clickイベントハンドラーの「Image handImage;」の行から、そのあとのif文の終わりの行まで、行番号部分をマウスでドラッグして選択する。

結果 選択した行のすぐ下の行番号のところにマイナスドライバーのアイコンが表示される。

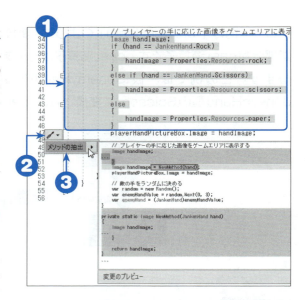

2 表示されたマイナスドライバーのアイコンをクリックする。

結果 選択した部分に対して行えるアクションとして［メソッドの抽出］が表示され、メソッドの抽出を行った結果のコードが縮小して表示される。

3 ［メソッドの抽出］をクリックする。

結果 選択していた箇所と同じ処理を行う「NewMethod」という名前のメソッドが作成され、選択していた箇所はこのメソッドを呼び出すよう変更される。その後、「メソッド名の変更」処理が起動し、［NewMethodの名前変更］ボックスが表示される。

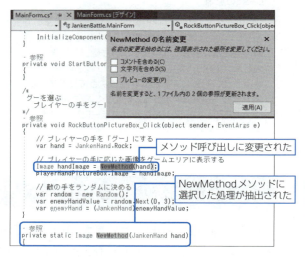

4 「handImage = NewMethod(hand);」の行の「NewMethod」にカーソルがある状態で、**GetHandImage** と入力して Enter キーを押す。

結果 抽出されたメソッドの名前が一緒に「GetHandImage」に変更される。

第5章　じゃんけんをさせてみよう

メソッド定義の構文を知ろう

　ここで作成されたメソッドをもとに、メソッドを定義するための構文について説明します。メソッド定義の構文は次のとおりです。

構文 メソッドの定義

```
[アクセス修飾子]　[static]　戻り値の型　メソッド名(引数の型　引数名，...)
{
　... メソッドの処理 ..
　return 戻り値;
}
```

　アクセス修飾子とは、このメソッドを呼び出せる範囲（これを**スコープ**といいます）を指定するものです。**public（パブリック）**ならどこからでも、**private（プライベート）**なら同じクラスの中からしか呼び出せません。省略した場合はprivateが指定されたとみなされます。

　static（スタティック、静的なという意味）キーワードを付けると、そのメソッドはクラスメソッドになります。省略した場合はインスタンスメソッドです。

　戻り値とはメソッドが行った処理の結果をもとに、呼び出し元に戻す値のことで、その型はメソッド定義時に指定しなければなりません。ただ、戻り値がない処理もあるので、そのようなときは**void**（ヴォイド、空という意味）という特殊なキーワードを使います。

　メソッド名はそのメソッドが行う処理を端的に表した名前を付けるよう心掛けましょう。動詞で始まり数語で表せるくらいの名前がお勧めです。例えば、メッセージを表示するなら「ShowMessage」といった具合に、各単語の先頭を大文字にしてつなげた名前にするのが一般的です。なお、日本語文字を含めほとんどの文字がメソッド名に使えますが、①先頭は半角数字以外にする、②演算子で使われるような記号は使えない、の2点だけ注意してください。

　引数は第3章でも少し触れましたが、メソッドで行う処理に必要なデータを引き渡すための仕組みです。メソッドを定義するときは、処理に必要な引数の型と名前のペアをカンマ「,」で区切って複数記述します。

　ここまでの部分をメソッドの**シグネチャ（signature：署名）**といい、そのあとの波かっこ「{」と「}」で囲んだ内側にメソッドの処理を記述していきます。メソッドの処理の中で**return（リターン）**キーワードを使うと、呼び出し元に戻り値を戻し、メソッドの処理を終了します。戻り値のないvoidメソッドの場合は「return;」のように値を省略した形で記載することもできます（returnそのものを書かないこともできます）。

　以上を踏まえて、先ほど作成したGetHandImageメソッドの定義を見ていきましょう。

5.4　敵の手をランダムに表示しよう　115

```
private static Image GetHandImage(JankenHand hand)
{
    ...(省略)...
    return handImage;
}
```

アクセス修飾子はprivateなのでMainFormクラス内部からしか呼び出せません。そして、staticキーワードが指定されているのでクラスメソッドです。戻り値はImage型（画像を扱うための型）で引数にJankenHand型のhandが1つあります。そして、じゃんけんの手に応じた画像を決定し、Image型の変数を戻り値として返します。

 メソッドの途中でのreturn文

　コード例ではreturn文は最後に1つだけありますが、メソッドの途中でもreturn文を使っても問題はありません。むしろ、積極的にreturn文を使うことで、コードの見通しが良くなることもあります。例えば、GetHandImageメソッドを次のように書き換えることで、余分な変数やelseがなくなり、コードがすっきりします。

```
private static Image GetHandImage(JankenHand hand)
{
    if (hand == JankenHand.Rock)
    {
        return Properties.Resources.rock;
    }

    if (hand == JankenHand.Scissors)
    {
        return Properties.Resources.scissors;
    }

    return Properties.Resources.paper;
}
```

メソッドを呼び出そう

　手に対応した画像を取得するメソッドが定義できたので、実際に使ってみましょう。まず、プレイヤーの手を表示する処理をまとめ、そのあとに、敵の手を表示する処理を付け加えていきます。そして、実行してここまでの動作を確認しましょう。

1 「// プレイヤーの手を「グー」にする」の下にあるhand変数にテキストカーソルを移動する。

2 F2キーを押す。

結果 「hand」の背景色が緑色に変わり、[handの名前変更] ボックスが表示される。

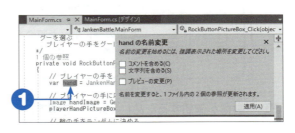

3 「hand」にカーソルがある状態で、**playerHand**と入力してEnterキーを押す。

結果 hand変数がすべて「playerHand」に変更される。

一緒に名前が変更された

4 handImage変数を初期化する行を削除し（取り消し線部分）、ImageプロパティにGetHandImageメソッドの結果を代入するコードを入力する（色文字部分）。

```
private void RockButtonPictureBox_Click(object sender, EventArgs e)
{
    ...(省略)...

    // プレイヤーの手に応じた画像をゲームエリアに表示する
    Image handImage = GetHandImage(playerHand);
    playerHandPictureBox.Image = handImage;
    playerHandPictureBox.Image = GetHandImage(playerHand);

    ...(省略)...
}
```

> **ヒント**
>
> **イベントハンドラーもメソッド**
>
> これまでに登場してきたイベントハンドラーも、実態はイベントが発生したコントロールが渡されるobject型のsender引数と、発生したイベントに関する情報が設定されるEventArgs型のeを引数に持つメソッドです。

5 RockButtonPictureBox_Clickイベントハンドラーの最後に、敵の画像表示処理コードを入力する（色文字部分）。このとき手順❹で入力したコードをコピーして貼り付けてから、変数名やコメントを変えると簡単に入力できる。

```
private void RockButtonPictureBox_Click(object sender, EventArgs e)
{
    ...(省略)...
    var enemyHand = (JankenHand)enemyHandValue;

    // 敵の手に応じた画像をゲームエリアに表示する
    enemyHandPictureBox.Image = GetHandImage(enemyHand);
}
```

6 動作を確認するために F5 キーを押す。

結果 アプリのビルドが行われ、問題がなければアプリが起動する。

7 グーをクリックする。

結果 グーの画像が表示される。また、敵の手がランダムに選ばれ、表示される。

8 何度かグーをクリックする。

結果 手順❼とは違う敵の手が表示される。

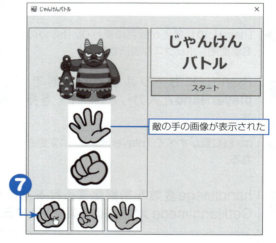
敵の手の画像が表示された

敵の手に違う画像が表示された

❾ アプリ画面右上隅の × 閉じるボタンを
クリックする。

結果 アプリが終了する。

 インラインの一時変数

　手順❹のような、変数を削除して直接プロパティに代入するような変更をするときは、対象の変数にカーソルを移動し、マイナスドライバーのアイコンをクリックして［インラインの一時変数］を選択すると、安全に行うことができます。この他にも、マイナスドライバーのアイコンから行える変更はいろいろありますので、さまざまなところでマイナスドライバーのアイコンが表示されたら、クリックして試してみるとよいでしょう。

　なお、加えた変更を元に戻すには、 ⤺ （アンドゥ）アイコンを戻したい状態になるまで何度かクリックしてください。

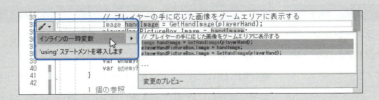

5.4　敵の手をランダムに表示しよう

勝敗を判定しよう

プレイヤーと敵の手が決まったので、あとは勝敗結果を表示するだけです。どのように勝敗を判定し、表示すればよいのか順に見ていきましょう。

勝敗判定の条件を考えてみよう

　コードを書く前に、じゃんけんの勝敗はどのように決まるか改めて考えてみましょう。プレイヤーと敵の手の組み合わせは「3×3＝9」通りあり、それらが勝ち、負け、あいこのどれになるかは、次の表のように決まります。

プレイヤー＼敵	グー	チョキ	パー
グー	①あいこ	②勝ち	③負け
チョキ	④負け	⑤あいこ	⑥勝ち
パー	⑦勝ち	⑧負け	⑨あいこ

　この表をもとに、勝敗は次のように判定すればよいことがわかります。

・敵と自分の手が同じ（①、⑤、⑨）ならあいこ
・②、⑥、⑦なら勝ち
・それ以外は負け

　詳しく見ていくと、それぞれの条件はプレイヤーの手と敵の手という2つの要素の組み合わせになります。例えば、②の条件は「プレイヤーの手がグー、かつ敵の手がチョキ」というような具合です。そして、勝ちとなるケースは3つあるので、「②もしくは⑥もしくは⑦」とさらに組み合わせる必要があります。
　このようなときは、**論理演算子**を用いることで複雑な条件を表現できます。論理演算子とはbool型に対する演算を行うもので、次の4種類があります。

記号	読み方	説明	寸例
!	エクスクラメーション	否定（NOT）	true/falseを反転させる
&&	アンパサンドアンパサンド	論理積（AND）	AかつBがtrue
||	パイプパイプ	論理和（OR）	AまたはBもしくはその両方がtrue
^	ハット	排他的論理和（XOR）	AまたはBのどちらか一方のみがtrue

第5章 じゃんけんをさせてみよう

それぞれの演算のイメージと演算結果は次の**ベン図**と**真理値表（しんりちひょう）**のとおりです。論理演算子を組み合わせることで、複雑な条件も表現できます。

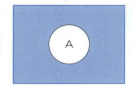

A	!A
true	false
false	true

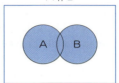

A	B	A||B
true	true	true
true	false	true
false	true	true
false	false	false

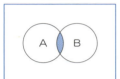

A	B	A&&B
true	true	true
true	false	false
false	true	false
false	false	false

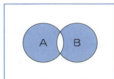

A	B	A^B
true	true	false
true	false	true
false	true	true
false	false	false

用語

ベン図
それぞれの条件を丸で表し、その重なりで条件の組み合わせを表現する図のことを**ベン図**といい、複雑な条件をどう表現すればよいのか考えるのに役立ちます。

真理値表
複数のbool型の要素の組み合わせに対して、結果としてtrue/falseのどちらとなるかを表した表を**真理値表**といい、ベン図と一緒に使うことで条件の漏れなどを判断するのに役立ちます。

勝敗を判定するコードを書こう

それでは、実際に勝敗を判定する条件を表すコードを書いていきましょう。

1 RockButtonPictureBox_Clickイベントハンドラーの最後に、次のコードを追加する（色文字部分）。

```
// 敵の手に応じた画像をゲームエリアに表示する
enemyHandPictureBox.Image = GetHandImage(enemyHand);

// 勝敗を判定する
if (playerHand == enemyHand)
{
    // あいこ
}
else if (
        (playerHand == JankenHand.Rock && enemyHand == ➡
JankenHand.Scissors) ||
        (playerHand == JankenHand.Scissors && enemyHand == ➡
JankenHand.Paper) ||
        (playerHand == JankenHand.Paper && enemyHand == ➡
JankenHand.Rock)
        )
{
    // 勝ち
}
else
{
    // 負け
}
}
```

122　第5章 じゃんけんをさせてみよう

コラム 論理演算子の優先度

　論理演算においても、足す、引く、掛ける、割るという四則演算と同じように、優先度があります。四則演算では「掛け算と割り算」は「足し算と引き算」より先に行うというルールがありますが、論理演算では「論理積」は「論理和」より先に行います。前ページのコードでは、勝ちのときの条件の組み合わせがわかりやすいよう論理積部分を「(」と「)」で囲んでいますが、それをなくして次のようにしても、まったく同じ演算が行われます。

```
        else if (
                playerHand == JankenHand.Rock && enemyHand == ➡
JankenHand.Scissors ||
                playerHand == JankenHand.Scissors && enemyHand == ➡
JankenHand.Paper ||
                playerHand == JankenHand.Paper && enemyHand == ➡
JankenHand.Rock
                )
```

勝敗結果を列挙型で表そう

　勝ち、負け、あいこといった勝敗結果についても、じゃんけんの手と同様にあらかじめ決まった3つの値しかないので、列挙型として定義しておきましょう。そして、勝敗判定処理の中で変数を用意して勝敗結果を格納します。

5.5　勝敗を判定しよう　**123**

1 この章の5.3節の「じゃんけんの手を表す型を作ろう」と同じ手順で、JankenBattleプロ
ジェクトに新しいコードファイル「JankenResult.cs」を追加する。

2 JankenResult.csファイルのコードエディターで、次のコードを入力して保存する（色文字
部分）。

```csharp
namespace JankenBattle
{
    enum JankenResult
    {
        Even,
        Win,
        Losing
    }
}
```

3 MainForm.csファイルのコードエディターで、先ほど作成した勝敗判定処理に次のコードを
追加する（色文字部分）。

```csharp
            // 勝敗を判定する
            JankenResult jankenResult;
            if (playerHand == enemyHand)
            {
                // あいこ
                jankenResult = JankenResult.Even;
            }
            else if (
                (playerHand == JankenHand.Rock && enemyHand == ➲
JankenHand.Scissors) ||
                (playerHand == JankenHand.Scissors && enemyHand == ➲
JankenHand.Paper) ||
                (playerHand == JankenHand.Paper && enemyHand == ➲
JankenHand.Rock)
                )
            {
                // 勝ち
                jankenResult = JankenResult.Win;
            }
            else
            {
                // 負け
                jankenResult = JankenResult.Losing;
            }
```

第5章 じゃんけんをさせてみよう

条件に応じて表示するメッセージを切り替えよう

　勝敗結果が決まったので、今度はその値をもとに対応するメッセージを表示します。列挙型の値による条件分岐が必要ですが、このような「いくつかのケースから1つ」を選ぶ場合は、if文より**switch（スイッチ：切り替え）文**が便利です。switch文の構文は次のとおりです。

構文 **switch文**

```
switch （①切り替え用変数）
{
  case ②条件値1:
    ③処理1
    break;

  case ④条件値2:
    ⑤処理2
    break;

  ... 必要なだけcaseの繰り返し ...

  default:
    ⑧どの条件にも一致しなかったときの処理
    break;
}
```

　まず**switch**キーワードに続き「()」で囲った中に処理切り替えの判断に使う変数（①）を入れます。そして、それに続いて「{}」で囲った中に**case（ケース）**キーワードを使い、①の変数が想定する条件の値を指定し、「:」（コロン）記号を付けます（②）。条件に合致した場合の処理は、「:」記号のあとに書きます（③）。そしてここが大事なのですが、その条件で行いたい処理を終えたら、必ず**break;（ブレーク）**キーワードを使い、そこで処理が終わることを明示します。他の条件についても同様に④、⑤のように書いていき、最後にどの条件にも合致しなかった場合の処理（⑥）を**default（デフォルト）**キーワードのあとに書けば終わりです。

勝敗結果をメッセージで表示しよう

　それでは、じゃんけんの結果によってメッセージを表示する処理を、switch文を使って書いていきましょう。今回はVS2019に用意された**コードスニペット**を活用します。コードスニペットとは、あらかじめ決まった形のコードを登録しておいて、実際のコードを書くときに「ひな形」を入力してくれる機能です。VS2019にはif文やクラス定義など便利なスニペット

5.5　勝敗を判定しよう　　**125**

があらかじめ多数登録されています。

コードを入力したら、実行して動作を確認しましょう。

1 RockButtonPictureBox_Clickイベントハンドラーの最後に行を追加し、**sw**と入力後にTabキーを2回押す。

結果 ▶ switch文のコードスニペットが補完され、「switch_on」の背景に色が付いて、切り替え用変数名の入力待ち状態になる。

2 その状態のまま**jankenResult**と入力し、Enterキーを2回押す。

結果 ▶ JankenResult列挙型に定義した列挙子すべてに対するcaseが補完される。

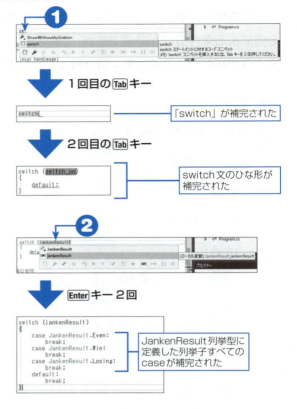

3 あいこ、勝ち、負けそれぞれのcaseに、次のコードを追加する（色文字部分）。

```
switch (jankenResult)
{
    case JankenResult.Even:
        MessageBox.Show("あいこです");
        break;
    case JankenResult.Win:
        MessageBox.Show("あなたの勝ちです");
        break;
    case JankenResult.Losing:
        MessageBox.Show("あなたの負けです");
        break;
    default:
        break;
}
```

4 動作を確認するために F5 キーを押す。

結果 ▶ アプリのビルドが行われ、問題がなければアプリが起動する。

5 グーをクリックする。

結果 ▶ グーの画像とランダムに選ばれた敵の手の画像が表示され、勝敗結果がメッセージボックスで表示される。

6 ［OK］をクリックする

結果 ▶ メッセージボックスが閉じる。

7 手順❺～❻を繰り返し、「勝ち」、「負け」、「あいこ」のすべての場合で勝敗結果が正しく表示されることを確認する。

8 アプリ画面右上隅の ✕ 閉じるボタンをクリックする。

結果 ▶ アプリが終了する。

勝敗結果が表示された

5.5 勝敗を判定しよう

C# 8.0のswitch式

　この章で説明した勝ち負けの判定処理は、C# 8.0で追加される新機能の**switch式**を使うと、勝ち負けの組み合わせをよりわかりやすく表現できます。C# 8.0は、.NET Core 3.0と同時にリリースが予定されています。

```
JankenResult jankenResult = (playerHand, enemyHand) switch
{
    // 勝ち
    (JankenHand.Rock, JankenHand.Scissors) => JankenResult.Win,
    (JankenHand.Scissors, JankenHand.Paper) => JankenResult.Win,
    (JankenHand.Paper, JankenHand.Rock) => JankenResult.Win,

    // 負け
    (JankenHand.Rock, JankenHand.Paper) => JankenResult.Losing,
    (JankenHand.Scissors, JankenHand.Rock) => JankenResult.Losing,
    (JankenHand.Paper, JankenHand.Scissors) => JankenResult.Losing,

    // あいこ
    (_, _) => JankenResult.Even
};
```

　switch式は「変数 switch」で始め、「{」、「}」（波かっこ）の中に各ケースを「パターン => 式の結果」で、「,」（カンマ）区切りで並べます。上記の例では、プレイヤーと敵の手の組み合わせを変数にして、その組み合わせのパターンごとの結果を示しています。例えば、(JankenHand.Rock, JankenHand.Scissors)のパターンは勝ちなので、結果はJankenResult.Winになります。こうやって先頭から順に判定し、勝ち、負けのすべてのパターンを判定します。そして、(_, _)のように「_」（アンダースコア）を使って、残りの組み合わせ全部をあいこであると判定します。

5.6 チョキ、パーを選んでもじゃんけんができるようにしよう

グーを選んだときはじゃんけんができるようになりました。同じようにチョキ、パーについてもじゃんけんができるようにしましょう。

じゃんけんをする処理をメソッドにしよう

現在、じゃんけんをする処理はグーのピクチャボックスのイベントハンドラーに直接書かれています。この処理をチョキとパーのときも使えるようにするために、メソッドにしておきましょう。

1 RockButtonPictureBox_Clickイベントハンドラーの、「// プレイヤーの手に応じた画像をゲームエリアに表示する」の行から、勝敗結果表示処理の終わりの行までを選択する。

結果 マイナスドライバーのアイコンが表示される。

2 表示されたマイナスドライバーのアイコンをクリックし、5.4節の「手の画像を決定する処理をメソッドにしよう」と同じ手順で［メソッドの抽出］を行う。

結果 選択していた箇所がメソッドとして抽出され、続いて［NewMethodの名前変更］ボックスが表示される。

3 「NewMethod(playerHand);」の行の「NewMethod」にカーソルがある状態で、**Battle** と入力して Enter キーを押す。

結果 抽出されたメソッドの名前が一緒に「Battle」に変更される。

ヒント

リファクタリング

Battleメソッドの抽出で行ったように、アプリの動作を変えずにプログラムの構造を変える行いを**リファクタリング**といいます。

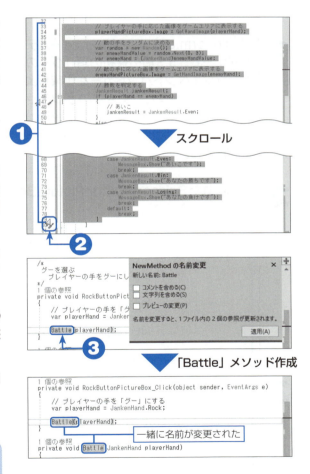

Battle メソッドの定義

ここで作成したBattleメソッドは、戻り値がないので「void」メソッドになります。そして、コントロールの操作も行っているため、クラスメソッドではなくインスタンスメソッドになります。これは、各コントロールがフォームクラスのインスタンスの内部の状態として保管されているためです。

チョキとパーを選んでもじゃんけんできるようにしよう

　じゃんけん処理をBattleメソッドにしたので、あとはチョキとパーのときも、グーのときと同じように手を指定してBattleメソッドを呼び出しましょう。順に作成したあと、実行して動作を確認しましょう。

1　[MainForm.cs] ファイルのフォームデザイナーで、5.3節の最初の項「グーのクリックイベントハンドラーを作成しよう」と同じ手順で、チョキのピクチャボックス(scissorsButtonPictureBox)のクリック（Click）イベントハンドラーを作成する。

チョキのピクチャボックスが選択されている

2　作成されたScissorsButtonPictureBox_Clickイベントハンドラーに、次のコードを入力する（色文字部分）。

```
private void ScissorsButtonPictureBox_Click(object sender,
EventArgs e)
    {
        // プレイヤーの手を「チョキ」にする
        var playerHand = JankenHand.Scissors;

        Battle(playerHand);
    }
```

3　パーについても同様にイベントハンドラーを作成し、次のコードを入力する（色文字部分）。

```
private void PaperButtonPictureBox_Click(object sender, EventArgs e)
    {
        // プレイヤーの手を「パー」にする
        var playerHand = JankenHand.Paper;

        Battle(playerHand);
    }
```

4 動作を確認するために F5 キーを押す。

結果 アプリのビルドが行われ、問題がなければアプリが起動する。

5 チョキをクリックする。

結果 チョキの画像が表示され、じゃんけんが行われ、勝敗結果が表示される。

6 [OK] をクリックする。

結果 メッセージボックスが閉じる。

7 パーをクリックする。

結果 パーの画像が表示され、じゃんけんが行われ、勝敗結果が表示される。

8 [OK] をクリックする。

結果 メッセージボックスが閉じる。

9 アプリ画面右上隅の × 閉じるボタンをクリックする。

結果 アプリが終了する。

5.6 チョキ、パーを選んでもじゃんけんができるようにしよう

5.7 ゲーム開始処理を作成しよう

じゃんけんができるようになったので、今度はアプリの［スタート］ボタンを押したらじゃんけんできるようにしましょう。

アプリ起動時に手を選べなくしよう

　今の時点ではアプリを起動したらすぐにじゃんけんができてしまいますが、ゲームアプリならきちんと「ゲームを開始する」という操作が欲しいところです。そこで、まずはアプリを起動したタイミングで、グー、チョキ、パーをクリックできないようにしてしまいましょう。

　アプリ起動時の処理は、フォームクラスの**Load（ロード：読み込み）イベント**を使います。そして、コントロールを無効にするには、**Enabled（イネーブルド：使用可能）プロパティ**にfalseを設定します。順に見ていきましょう。

1 MainForm.csファイルのフォームデザイナーで、フォーム上でコントロールを何も配置していない位置をダブルクリックする。

結果 フォームのLoadイベントハンドラーが作成され、MainForm.csファイルのコードエディターが開く。

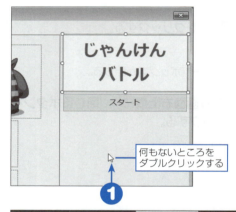

何もないところを
ダブルクリックする

> **ヒント**
>
> **フォームのLoadイベントハンドラーを作成する他の方法**
>
> フォーム上のコントロールが何もないところをシングルクリックしてフォームを選択した状態で、プロパティウィンドウでイベント一覧を表示し、[Load]イベントを選択して Enter キーを押すことでも、フォームのLoadイベントのイベントハンドラーを作成できます。この章の5.3節でClickイベントのイベントハンドラーを作成したときと同様の方法です。

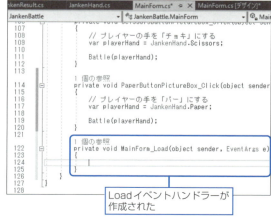

Loadイベントハンドラーが
作成された

2 作成されたLoadイベントハンドラーに、次のコードを入力する（色文字部分）。

```
private void MainForm_Load(object sender, EventArgs e)
{
    // 画面を初期化する
    // 手を選択できないようにする
    rockButtonPictureBox.Enabled = false;
    scissorsButtonPictureBox.Enabled = false;
    paperButtonPictureBox.Enabled = false;
}
```

ゲーム開始処理を作成しよう

次に、[スタート] ボタンを押してゲームを開始できるようにしていきます。[スタート] ボタンのClickイベントハンドラーは作成済みなので、ここにアプリ起動時に無効にしたグー、チョキ、パーのブロックを解除する処理を追加します。これには、先ほどアプリ起動時にfalseを設定したEnabledプロパティに、trueを設定します。

また、[スタート] ボタンを押したときは新たにゲームを始めた状態としたいので、表示されたプレイヤーと敵の手をクリアします。このためには、それぞれのピクチャボックスコントロールのImageプロパティに**null（ヌル、もしくはナル）**という「データがないこと」を表す特殊な値を設定します。

これらのゲーム開始準備を行ったら、「ゲームスタート！」とメッセージボックスで表示します。

順に作成し、動作を確認しましょう。

1 MainForm.csファイルのコードエディターで、StartButton_Clickイベントハンドラーに次のようにグー、チョキ、パーのブロックを解除するコードを追加する（色文字部分）。

```
private void StartButton_Click(object sender, EventArgs e)
{
    // 手を選択できるようにする
    rockButtonPictureBox.Enabled = true;
    scissorsButtonPictureBox.Enabled = true;
    paperButtonPictureBox.Enabled = true;
}
```

5.7　ゲーム開始処理を作成しよう　**133**

2 続けて、プレイヤーの手と敵の手の画像をクリアするコードを追加する（色文字部分）。

```
private void StartButton_Click(object sender, EventArgs e)
{
    ...(省略)...
    paperButtonPictureBox.Enabled = true;

    // プレイヤーと敵の手の画像をクリアする
    playerHandPictureBox.Image = null;
    enemyHandPictureBox.Image = null;
}
```

3 さらに続けて、ゲーム開始メッセージを表示するコードを追加する（色文字部分）。

```
private void StartButton_Click(object sender, EventArgs e)
{
    ...(省略)...
    enemyHandPictureBox.Image = null;

    // ゲーム開始メッセージを表示する
    MessageBox.Show("ゲームスタート！");
}
```

4 動作を確認するために F5 キーを押す。

結果 アプリのビルドが行われ、問題がなければアプリが起動する。

5 グーをマウスでポイントする。

結果 マウスカーソルが「手」の形に変化しなくなる。

6 ［スタート］ボタンをクリックする。

結果 メッセージボックスが開き、「ゲームスタート！」と表示される。

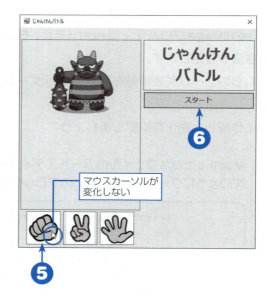

7 ［OK］ボタンをクリックする。

結果｜メッセージボックスが閉じる。

8 グーをクリックする。今度はマウスカーソルが手の形に変わることも確認する。

結果｜グーの画像と、ランダムに選ばれた敵の手の画像が表示され、勝敗結果がメッセージボックスで表示される。

9 ［OK］をクリックする。

結果｜メッセージボックスが閉じる。

「ゲームスタート！」と表示される

10 もう一度［スタート］ボタンをクリックする。

結果｜敵と自分の手がクリアされ、メッセージボックスが開き、「ゲームスタート！」と表示される。

11 ［OK］をクリックする。

結果｜メッセージボックスが閉じる。

12 アプリ画面右上隅の × 閉じるボタンをクリックする。

結果｜アプリが終了する。

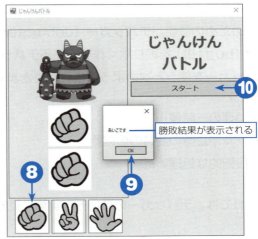

勝敗結果が表示される

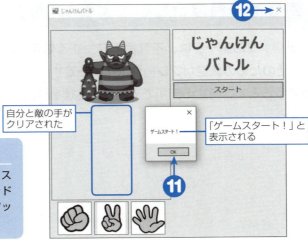

自分と敵の手がクリアされた

「ゲームスタート！」と表示される

> **ヒント**
>
> **メソッドの定義箇所にジャンプする**
>
> コードエディターの上部右側のドロップダウンリストから現在開いているコードに定義されたメソッドが選べるようになっていて、選択するとそのメソッドの定義箇所にジャンプします。

5.7 ゲーム開始処理を作成しよう **135**

できあがりを確認しよう

この章で学んだアプリ作成が終わったところで、実際に動かしてみましょう。また、デバッガーを用いたアプリの内部挙動の確認方法も学んでいきましょう。

アプリの途中の動きを見てみよう

　ここまでの作業中、こまめに F5 キーを押して動作を確認してきました。しかし、アプリを開発しているときには、意図したとおりに動作しないこともしばしばあります。それは、そもそもの設計が間違っていることもあれば、コードの入力間違いによって起きることもあります。もしそうなったときは、アプリの動きを止めて、そのときの変数のデータなどが確認できれば、原因の特定がしやすいのではないでしょうか。

　そのための機能が**デバッガー（debugger）**です。デバッガーとは、アプリの不具合である**バグ（bug：虫）**を取り除く作業である**デバッグ**をサポートするための各種の機能の総称です。デバッガーを使うと次のようなことができます。

・処理の一時停止
・一時停止時の変数の値確認
・段階的な処理実行

それでは、デバッガーの使い方を実際に見ていきましょう。

処理を一時停止してみよう

　デバッグの第一歩は、不具合の発生する処理を途中で一時停止して状況を確認することです。そのための機能が**ブレークポイント**です。ブレークポイントを設定して［デバッグの開始］をすることで、特定の箇所でアプリの処理を一時停止することができます。実際にやってみましょう。

1 MainForm.csファイルのコードエディターで、Battleメソッドの「// 敵の手をランダムに決める」の下のRandomクラスのインスタンスを作成している行の、行番号の左の灰色で表示されている領域をクリックする。

結果 ブレークポイントが設定され、左端に ● 赤丸が表示され、行全体も背景色が赤くなる。

2 F5キーを押してデバッグを開始する。

3 起動したアプリの画面で、[スタート] ボタンを押してゲームを開始する。

4 グーをクリックする。

結果 手順❶で設定したブレークポイントでアプリの処理が一時停止し、現在実行しようとしている行の左端に 右向きの黄色い矢印が表示されるとともに、背景色が黄色になる。また、デバッガーの各種ツールのウィンドウが表示される。

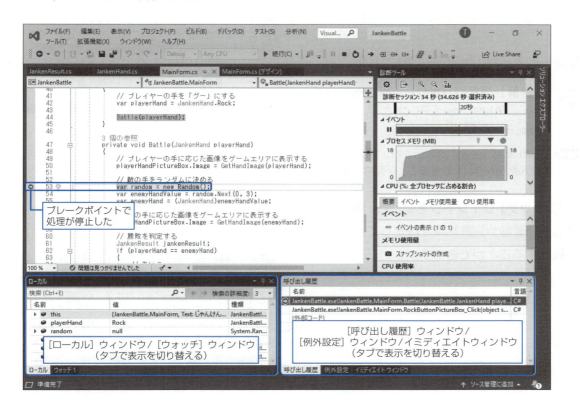

5.8 できあがりを確認しよう

デバッガーの各種ツールについて知ろう

　ブレークポイントで処理を一時停止することで、デバッガーの各種ツールが利用できるようになります。デバッガーを操作しながら、それぞれのツールを使ってみましょう。

1 ［ローカル］ウィンドウに表示されている各変数の値と型を確認する。

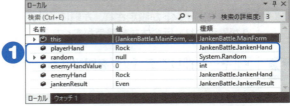

　まず、一番よく使うのが【ローカル】ウィンドウです。このウィンドウには、背景色が黄色になっている現在行が実行される直前の各種変数や引数の値が表示されます。

　この画面の例では、playerHand引数は値が「Rock」で型がJankenHand型であると表示されています。また、random変数については、今実行しようとしている行でインスタンスを作成して初期化する予定なので、現段階では初期状態の「null」になっていることもわかります。

2 ［ウォッチ1］タブをクリックする。

結果 ［ウォッチ］ウィンドウが表示される。

3 ［名前］列をクリックし、**playerHand == JankenHand.Rock**と入力して Enter キーを押す

結果 ［値］列に「true」と表示され、プレイヤーが選んだ手がRockであることが確認できる。

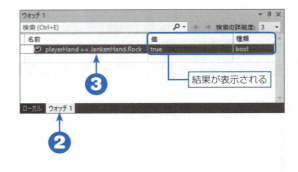

　【ウォッチ】ウィンドウを使うと、自分で確認したい変数や演算結果を設定して、その値を確認することができます。

> **ヒント**
>
> **変数の初期値**
>
> 変数を宣言して初期化していない場合、その変数にはC#によって初期値が設定されます。その値は「0」で、型によって扱いが変わります。int型のような整数型では、そのまま数値としての「0」が設定されますが、列挙型であれば0が割り当てられた値（JankenHand型ならRock、JankenResult型ならEven）になり、クラスの場合はnullになります。

4 ［呼び出し履歴］ウィンドウの表示内容を確認する。

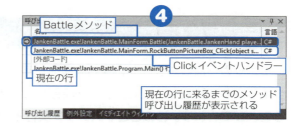

［呼び出し履歴］ウィンドウには、現在行にどんなメソッドを通じてアクセスしているのか、下から順に表示されます。この画面の例では、RockButtonPictureBox_Clickイベントハンドラー、Battleメソッド、の順に呼び出されて現在行に来たことがわかります。

5 ［イミディエイトウィンドウ］タブをクリックする。

結果 イミディエイトウィンドウが表示される。

6 **playerHand**と入力してEnterキーを押す。

結果 playerHand引数の値「Rock」が次の行に表示される。

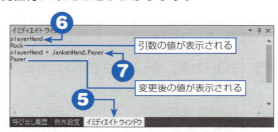

7 **playerHand = JankenHand.Paper**と入力してEnterキーを押す。

結果 playerHand引数にJankenHand.Paperが代入され、次の行に「Paper」が表示される。

8 ［ローカル］タブをクリックして［ローカル］ウィンドウを表示する。

結果 playerHand引数の値に、変更後の値「Paper」が赤字で表示されている。なお、赤字は値が変更されたことを示しており、このままで問題ない。

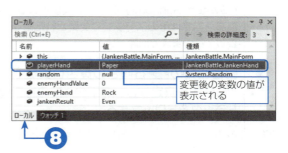

イミディエイトウィンドウ（immediate：即時の）を使うと、このようにC#の1行コードを入力して実行することができます。

ステップ実行してみよう

デバッガーにはもうひとつ強力な機能があります。それが処理の段階的な実行です。ブレークポイントを設定した行で処理を一時停止したあと、アプリのコードを1行ずつ順番に実行することができます。このことを**ステップ実行**といいます。また、1行ずつ進めるだけでなく、途中の処理をスキップすることもできます。実際にやってみましょう。

1 ツールバーの [ステップオーバー] ボタンをクリックする。

結果 random変数を初期化する行の処理が行われ、現在行が1行進む。

2 [ローカル] ウィンドウでrandom変数を確認する。

結果 random変数が初期化され、Randomクラスのインスタンスが設定され、[値] 列に「{System.Random}」と赤字で表示される。なお、赤字はそのステップで変更された値を表し、このままで問題ない。

3 画面左端の 右向きの黄色い矢印を「// 勝敗を決定する」の下のif文の行にドラッグ&ドロップする。

結果 敵の手のランダム表示処理がスキップされ、現在行がif文の行に移動する。

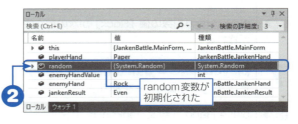

ヒント

処理の巻き戻し

黄色い矢印をドラッグ&ドロップして現在行を移動する方法は、逆方向にドラッグ&ドロップすることで処理を巻き戻すこともできます。

4 ツールバーの ■ [デバッグの停止] ボタンをクリックする。

結果 デバッグが終了し、画面構成がデバッグ開始前に戻る。

5 ブレークポイントが設定されている行の先頭に表示されている ● 赤丸をクリックする（または、赤丸を右クリックして [ブレークポイントの削除] を選択する）。

結果 ブレークポイントが解除される。

デバッグが終了した

～もう一度確認しよう！～　チェック項目

- □ アプリの処理を表すフローチャートが理解できましたか？
- □ 新しいファイルの追加方法がわかりましたか？
- □ 列挙型の概念と使い方はわかりましたか？
- □ 変数の初期化のやり方がわかりましたか？
- □ if文、switch文による条件分岐の方法がわかりましたか？
- □ コメントの書き方はわかりましたか？
- □ Randomクラスの使い方がわかりましたか？
- □ メソッドの定義方法と呼び出し方がわかりましたか？
- □ キャストによる型の変換方法がわかりましたか？
- □ 論理演算子の使い方がわかりましたか？
- □ デバッガーの使い方がわかりましたか？

switch文のフォールスルー

　switch文を使うとき、複数の条件値で同じ処理を行いたいときもあります。そのようなときは次の構文の④、⑤のように「break;」を省いて条件値を2行並べて記述します。こうすると、④条件値2と⑤条件値3のどちらのときも、⑥処理2が実行されます。このような動きは**フォールスルー**とも呼ばれます。

構文 switch文で複数の条件値で同じ処理を行う

```
switch (①切り替え用変数)
{
    case ②条件値1:
        ③処理1
        break;
    case ④条件値2:
    case ⑤条件値3:
        ⑥処理2
        break;
    ... 必要なだけcaseの繰り返し ...
    default:
        ⑦どの条件にも一致しなかったときの処理
        break;
}
```

　なお、C#では何か処理を行ったあとのbreak;を省略するとコンパイルエラーになります。したがって、上記で③処理1の次の行のbreak;は省略できません。これにより、予期せぬフォールスルーによるバグを防いでいるのです。

第 **6** 章

勝敗表を表示しよう

じゃんけんができるようになりましたので、今度はよりゲームらしくするためにラウンド制を取り入れ、ラウンドごとの勝敗結果を「勝敗表」として表示するようにしましょう。

6.1 できあがりをイメージしよう

6.2 ラウンド数を表示しよう

6.3 どちらかが先に3勝したら試合を終了しよう

6.4 勝敗表を表示しよう

この章で学ぶこと

この章では、ゲームにラウンド制を取り入れるため、次の機能を実装していきます。

①あいこの場合、勝負が決まるまでじゃんけんする
②ラウンド制を取り入れ、最大5回戦して先に3勝したほうが勝利とする
③ラウンドごとの勝敗結果を勝敗表として表示する

その過程を通じて、この章では次の内容を学習していきます。

- メンバー変数の使い方
- 独自のプロパティの定義方法
- 配列の使い方
- コンストラクターの使い方
- foreach文を使った繰り返し処理

この章ではアプリの画面に次のような勝敗表を追加します。最大5回分、勝ったら○、負けたら×を表示します。

6.1 できあがりをイメージしよう

アプリ作成に入る前に、サンプルアプリをプレイしてイメージをつかんでおきましょう。

サンプルアプリをプレイしてみよう

　この章では、まずあいこなら勝敗が決まるまでじゃんけんし、そして最大5回戦して先に3勝したほうが勝利となるよう、アプリを改造していきます。また、勝敗結果は勝敗表で表示します。

　作業に入る前にサンプルアプリを実行し、完成形をイメージしておきましょう。

参照ファイル
VC#2019入門￥サンプルアプリ￥第6章￥JankenBattle.exe

1 Windowsのエクスプローラーで本書のサンプルファイルの [サンプルアプリ] － [第6章] フォルダーを開き、[JankenBattle.exe] をダブルクリックする。

結果 「じゃんけんバトル」のゲーム画面が表示される。

2 [スタート] ボタンをクリックする。

結果 メッセージボックスが開き、「ゲームスタート」と表示される。

3 [OK] ボタンをクリックする。

結果 メッセージボックスが閉じる。その後もう一度メッセージボックスが開き、「1回戦」と表示される。

4 ［OK］ボタンをクリックする。

結果 メッセージボックスが閉じる。

5 グー、チョキ、パーのいずれかをクリックする。

結果 じゃんけんが行われ、選んだ自分の手と敵の手が画面に表示される。その後、メッセージボックスが開き、勝敗結果が表示される。あいこの場合は手順❻へ、そうでなければ手順❽へ進む。

6 あいこの場合、勝敗結果に「あいこです。もう一度手を選んでください」と表示されることを確認する。

7 ［OK］ボタンをクリックする。

結果 メッセージボックスが閉じ、手順❺に戻る。

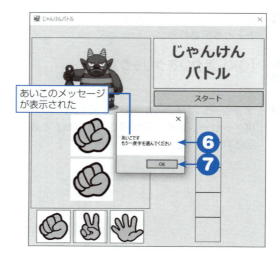

8 あいこ以外の場合、勝ちか負けの勝敗結果が表示されることを確認する。

9 [OK] ボタンをクリックする。

結果 メッセージボックスが閉じる。その後、もう一度メッセージボックスが開き、「2回戦」と表示される。また、1回戦の勝敗によって、勝った場合は「○」、負けた場合は「×」が勝敗表の一番上に表示される。

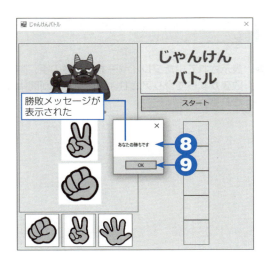

10 [OK] ボタンをクリックする。

結果 メッセージボックスが閉じる。

11 グー、チョキ、パーのいずれかをクリックしてゲームを再開し、同じように何回戦か行い、3勝または3敗するまで続ける。

結果 メッセージボックスが開き、「試合終了！」と表示される。

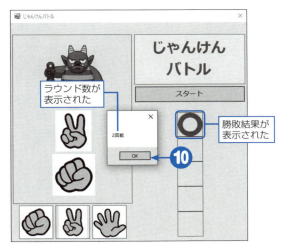

12 [OK] ボタンをクリックする。

結果 メッセージボックスが開き、3勝した場合は「ゲームクリア！（3勝○敗）」、3敗した場合は「ゲームオーバー！（○勝3敗）」と表示される。

13 [OK] ボタンをクリックする。

結果 メッセージボックスが閉じる。その後、グー、チョキ、パーのピクチャボックスがクリックできなくなる。

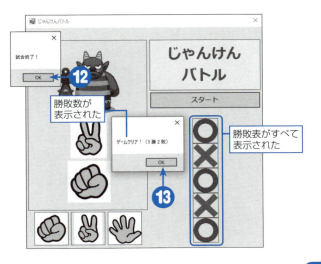

6.1 できあがりをイメージしよう

14 もう一度［スタート］ボタンをクリックする。

結果▶ 表示されていたプレイヤーおよび敵の手、勝敗表がすべてクリアされ、再度ゲームが開始される。

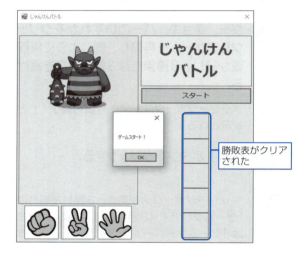

6.2 ラウンド数を表示しよう

最初は、じゃんけんを始める前にラウンド数を表示するようにしてみましょう。

どのようにラウンド数を管理するか考えよう

　ラウンド制を取り入れるにあたって、どのように「ラウンド数」を管理すればよいのか考えてみましょう。まず、ゲームを始めた時点でのラウンド数は、最初なので1にすればよいでしょう。そして、じゃんけんを行い、勝つか負けるかしたときは次のラウンドに進むので、ラウンド数に1を足します。あいこの場合は勝負が決まるまで同じラウンドを繰り返すようにします。

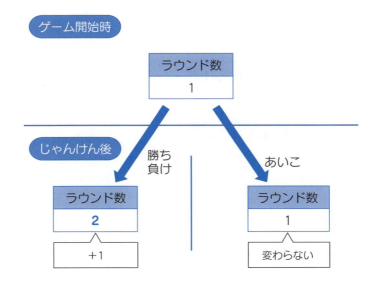

ラウンド数を管理するメンバー変数を定義しよう

　ではラウンド数はどうやって管理すればよいでしょうか。まずイベントハンドラーに定義した変数で考えてみます。例えば、グー、チョキ、パーのクリックイベントハンドラーにラウンド数の変数を定義し処理を行います。しかし、この変数はイベントハンドラーの処理が終わったら消えてしまい、次にクリックしたときは改めて変数が用意されます。このような、メソッド内で使われる変数を**ローカル変数**といいます。

ローカル変数ではその中身を残して処理することができないことがわかりました。したがって、ラウンド数はローカル変数より長くデータを保持できる仕組みが必要です。そのための仕組みが**メンバー変数**（または**フィールド**）です。メンバー変数はメソッドの中ではなく、メソッドの外（クラス定義の{}の内側）に定義します。

> **ヒント**
>
> **変数のスコープ**
>
> 変数の値が有効な範囲を**スコープ**といいます。ローカル変数のスコープはメソッドまたは{}で囲まれたブロックの内部です。それに対し、メンバー変数のスコープはインスタンス全体です。

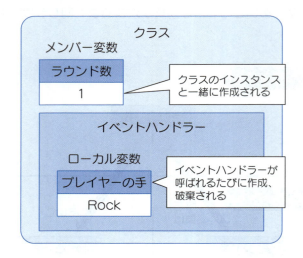

　メンバー変数を使うには、以下の構文でクラス内に定義します。

構文　メンバー変数

　　［アクセス修飾子］［static］型名　メンバー変数名［ = 初期値］;

　アクセス修飾子はメソッド定義と同様に、メンバー変数にアクセス可能な範囲を指定します。
　staticもメソッドの場合と同じです。staticが付いたメンバー変数を**クラス変数**、付いていないメンバー変数を**インスタンス変数**とも呼びます。メソッドと同様に、クラス変数はクラス名を指定して参照できますが、インスタンス変数はnew演算子を使ってインスタンスを作成してからでないと参照できません。クラス変数とインスタンス変数の違いを5.4節のたい焼き

の例で説明すると、クラス変数はたい焼きの「型」の状態（焼くときの温度など）、インスタンス変数は型からできあがったたい焼き自体の状態（あんの種類など）、ということになります。

それでは、実際にラウンド数を管理するためのメンバー変数を定義してみましょう。

1 VS2019を起動し、第5章まで作成してきたJankenBattleソリューションを開く。

2 ソリューションエクスプローラーで[MainForm.cs]ファイルを選択し、<>[コードの表示]ボタンをクリックする。

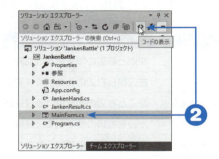

結果 MainForm.csファイルのコードエディターが開く。

3 MainFormクラスの先頭に、次のようにラウンド数メンバー変数の定義コードを追加する（色文字部分）。

```
public partial class MainForm : Form
{
    private int roundCount;

    public MainForm()
    {
        InitializeComponent();
    }
    ...(省略)...
}
```

ラウンド数を変更しよう

　ラウンド数用のメンバー変数を定義したので、今度はその値を変更していきます。まず、ラウンド数はいつ、どのようなときに変更すべきか考えていきましょう。

　最初に考えるのは［スタート］ボタンをクリックしてゲームを開始したときです。ゲームを開始したときは1ラウンド目から新たに始めるので、ラウンド数に1を設定する必要があります。

　次はじゃんけんをしたときを考えましょう。じゃんけんした結果、勝つか負けるかした場合は、勝敗が決まったので次のラウンドに進めます。つまり、ラウンド数に1を足すことになります。そして、あいこの場合はまだ勝敗が決まっていないので、同じラウンドでもう一度じゃ

んけんをする必要があり、ラウンド数の変更は不要です。

　なお、ラウンド数を加算するには、**＋（プラス、加算）演算子**を使います。加算演算子は、足す、引く、掛ける、割るといった基本的な四則演算をはじめとする**算術演算**を行うための演算子のひとつです。その他の**算術演算子**には、次のようなものがあります。

記号	読み方	説明	寸例
＋	プラス	左辺と右辺の値を足す（加算）	1 ＋ 2（結果：3）
-	マイナス	左辺から右辺の値を引く（減算）	2 - 1（結果：1）
＊	アスタリスク	左辺と右辺の値を掛ける（乗算）	2 ＊ 3（結果：6）
/	スラッシュ	左辺を右辺の値で割る（除算）	6 / 2（結果：3）
％	パーセント	左辺を右辺の値で割った余り（剰余）	5 ％ 3（結果：2）

　また、これらの算術演算子は後ろに「＝」（等号）を付け加えることで、左辺の変数に右辺の値との算術演算結果を代入してくれます。例えば「x ＋= 1;」と書いた場合、変数xには元のxの値に1を加算した値が代入されます。こういった「＋=」のようなものを、**複合代入演算子**ともいいます。

　それでは、実際にラウンド数を変更するコードを書いていきましょう。

1 MainForm.csファイルのコードエディターで、［スタート］ボタンのクリックイベントハンドラー StartButton_Clickに、ラウンド数の初期値を設定する処理を追加する（色文字部分）。

```
private void StartButton_Click(object sender, EventArgs e)
{
    ...(省略)...

    // ゲーム開始メッセージを表示する
    MessageBox.Show("ゲームスタート！");

    // ラウンド数を初期化
    roundCount = 0;
}
```

2 MainFormクラスの最後（MainForm_Loadイベントハンドラーの下）に、次のラウンドへ移行するNextRoundメソッドを作成し、その中でラウンド数を加算する（色文字部分）。

```
public partial class MainForm : Form
{
    ...(省略)...

        paperButtonPictureBox.Enabled = false;
    }

    // 次のラウンドに移行する
    private void NextRound()
    {
        // ラウンド数加算
        roundCount += 1;
    }
}
```

3 Battleメソッドのじゃんけんの結果判定処理の中で、あいこの場合のコードの「break;」を削除し（取り消し線部分）、「return;」を追加する（色文字部分）。これにより、あいこならBattleメソッドを中断するように変更される。

```
private void Battle(JankenHand playerHand)
{
    ...(省略)...

    switch (jankenResult)
    {
        case JankenResult.Even:
            MessageBox.Show("あいこです");
            break;
            return;
        case JankenResult.Win:
            MessageBox.Show("あなたの勝ちです");
            break;
        case JankenResult.Losing:
            MessageBox.Show("あなたの負けです");
            break;
        default:
            break;
    }
}
```

6.2 ラウンド数を表示しよう　　**153**

4 Battleメソッドの最後に、NextRoundメソッド呼び出しを追加する（色文字部分）。

```
private void Battle(JankenHand playerHand)
{
    ...(省略)...

            default:
                break;
    }

    // 次のラウンドに移る
    NextRound();
}
```

5 ［スタート］ボタンのクリックイベントハンドラー StartButton_Clickの最後にも、同様に NextRound()メソッド呼び出しを追加する（色文字部分）。

```
private void StartButton_Click(object sender, EventArgs e)
{
    ...(省略)...

    // ラウンド数を初期化
    roundCount = 0;

    // 最初のラウンドを始める
    NextRound();
}
```

ラウンド数を表示しよう

　ラウンド数を数えられるようになったので、今度はラウンド数を表示しましょう。表示するタイミングは、［スタート］ボタンをクリックしたゲーム開始時と、じゃんけんを行いあいこ以外でラウンドが次に進んだときです。

　ラウンド数は「1回戦」というように、ラウンド数をテキストメッセージに埋め込んで表示します。このようなときは**補間文字列**を使いましょう。補間文字列の構文は次のとおりです。

構文 **補間文字列**

```
$"テキスト{(埋め込む値)}"
```

　補完文字列は先頭に＄（ドル）記号を付けます。例えば、roundCount変数の値が1のとき、$"{roundCount}回戦"というコードは「1回戦」という文字列を返す処理を表します。

154　第6章 勝敗表を表示しよう

さらに、ここではあいこのときに表示するメッセージを、「あいこです（改行）もう一度手を選んでください」のように変更しましょう。メッセージの中の改行をコードで表すには、+演算子を用いた文字列の連結と、.NET Frameworkが提供する「改行」を表す特別な文字列を取得するための**Environment.NewLineプロパティ**を使います。

1 | NextRoundメソッドの最後に、ラウンド数を表示する処理を追加する（色文字部分）。

```csharp
// 次のラウンドに移行する
private void NextRound()
{
    // ラウンド数加算
    roundCount += 1;

    MessageBox.Show($"{roundCount}回戦");
}
```

2 | Battleメソッドのあいこの場合のメッセージを変更するため、元の行（取り消し線部分）を削除し、新たに色文字部分の行を入力する。

```csharp
private void Battle(JankenHand playerHand)
{
    ...(省略)...

    switch (jankenResult)
    {
        case JankenResult.Even:
            MessageBox.Show("あいこです");
            MessageBox.Show("あいこです" + Environment.NewLine
                + "もう一度手を選んでください");
            return;
        case JankenResult.Win:
            MessageBox.Show("あなたの勝ちです");
            break;
        case JankenResult.Losing:
            MessageBox.Show("あなたの負けです");
            break;
        default:
            break;
    }
}
```

ラウンド数が正しく表示されるか確認しよう

ここまでの実装が正しくできたか、実行して確認してみましょう。

6.2　ラウンド数を表示しよう　　**155**

1 F5 キーを押してデバッグ実行する。

結果 じゃんけんバトルアプリが起動し、画面が表示される。

2 [スタート] ボタンをクリックする。

結果 メッセージボックスが開き、「ゲームスタート」と表示される。

3 [OK] ボタンをクリックする。

結果 メッセージボックスが閉じたあと、新たにメッセージボックスが開き、「1回戦」と表示される。

4 [OK] ボタンをクリックする。

結果 メッセージボックスが閉じる。

5 グー、チョキ、パーのいずれかをクリックする。

結果 じゃんけんが行われ、選んだ自分の手と敵の手が画面に表示される。その後、メッセージボックスが開き、勝敗結果が表示される。

6 [OK] ボタンをクリックする。

結果 メッセージボックスが閉じる。勝敗結果があいこ以外の場合は、さらにメッセージボックスが開き「2回戦」と表示される。

7 あいこ以外のときは、表示された「2回戦」のメッセージボックスの [OK] ボタンをクリックしてメッセージボックスを閉じる。

8 アプリ画面右上隅の ✕ 閉じるボタンをクリックしてアプリを終了する。

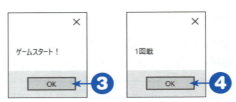

どちらかが先に3勝したら試合を終了しよう

ラウンド数を表示できるようになりましたが、このままでは永遠にゲームが終わりません。プレイヤーか敵のどちらかが3勝したら終わるようにしましょう。

勝敗数を数えよう

ゲーム終了の判断には勝敗数が必要ですので、まずはラウンド数と同様に勝敗数もメンバー変数として定義し、勝ち、負けのタイミングでそれぞれ数を増やすようにしましょう。

1 ラウンド数メンバー変数の下に、勝ち、負けそれぞれの数を扱うためのメンバー変数 wonCount（won：勝ち）、lossCount（loss：負け）を定義するコードを追加する（色文字部分）。

```
public partial class MainForm : Form
{
    private int roundCount;
    private int wonCount;
    private int lossCount;

    public MainForm()
    {
        InitializeComponent();
    }
    ...(省略)...
}
```

2 ゲーム開始時に勝敗数をクリアするため、［スタート］ボタンのクリックイベントハンドラー
StartButton_Clickに、勝敗数をクリアする処理のコードを追加する（色文字部分）。

```csharp
private void StartButton_Click(object sender, EventArgs e)
{
    ...(省略)...

    // ラウンド数を初期化
    roundCount = 0;

    // 勝敗数を初期化
    wonCount = 0;
    lossCount = 0;

    // 最初のラウンドを始める
    NextRound();
}
```

3 Battleメソッドの以下の箇所に、wonCountメンバー変数とlossCountメンバー変数のそ
れぞれに1を加算するコードを追加する（色文字部分）。

```csharp
private void Battle(JankenHand playerHand)
{
    ...(省略)...

    switch (jankenResult)
    {
        case JankenResult.Even:
            MessageBox.Show("あいこです");
            MessageBox.Show("もう一度手を選んでください");
            return;
        case JankenResult.Win:
            MessageBox.Show("あなたの勝ちです");
            wonCount += 1;
            break;
        case JankenResult.Losing:
            MessageBox.Show("あなたの負けです");
            lossCount += 1;
            break;
        default:
            break;
    }

    ...(省略)...
}
```

158　第6章 勝敗表を表示しよう

試合を終了しよう

勝敗数がわかるようになったところで、この勝敗数を使って試合終了を判定し、結果を表示しましょう。

まず、試合終了の条件について考えましょう。言葉で表すと「プレイヤーか敵のどちらかが3勝する」ですが、これを勝敗数を使った表現に直すと「3回勝つ、もしくは3回負ける」となります。

試合終了条件を満たしたら、試合終了メッセージをメッセージボックスで表示します。メッセージには「試合終了！」に続けて「○勝□敗」のように、勝った回数、負けた回数を埋め込みますので、6.2節の「ラウンド数を表示しよう」で説明した補間文字列を使うとよいでしょう。

それでは、実際に試合終了を判定し、結果を表示するコードを書いていきましょう。

1 Battleメソッドの勝敗結果表示メッセージ表示処理とラウンド数カウントアップ処理の間に、試合終了判定を行うコードを追加する（色文字部分）。

```
private void Battle(JankenHand playerHand)
{
    ...(省略)...

    switch (jankenResult)
    {
        ...(省略)...
    }

    // 試合終了を判定する
    if (wonCount == 3 || lossCount == 3)
    {
    }

    // 次のラウンドに移る
    NextRound();
}
```

6.3　どちらかが先に3勝したら試合を終了しよう　　159

2 先ほど追加した試合終了判定処理の中に、試合終了メッセージと、試合の勝敗結果および勝敗数を表示するコードを追加する（色文字部分）。

```csharp
private void Battle(JankenHand playerHand)
{
    ...(省略)...

    // 試合終了を判定する
    if (wonCount == 3 || lossCount == 3)
    {
        MessageBox.Show("試合終了！");

        string gameResult;
        if (wonCount > lossCount)
        {
            gameResult = "ゲームクリア！";
        }
        else
        {
            gameResult = "ゲームオーバー！";
        }
        MessageBox.Show($"{gameResult} ({wonCount} 勝 ⮕
{lossCount} 敗) ");

        return;
    }

    // 次のラウンドに移る
    NextRound();

}
```

補間文字列に波かっこを使いたい場合

補間文字列の中で波かっこを使いたい場合は、「{{」、「}}」のように波かっこを二重にして記載します。

試合終了後に手を選べなくしよう

　今のままでは試合終了後も引き続きじゃんけんができてしまうので、試合終了後に手を選べなくしましょう。手を選べなくするには、第5章の5.7節の「アプリ起動時に手を選べなくしよう」で説明したとおり、グー、チョキ、パーのピクチャボックスのEnabledプロパティを

falseに設定します。

　しかし、試合終了後にも同じコードを書いてしまうと、似たような処理があちこちにあるので不格好です。そこでここでは視点を変え、「手が選べるかどうか」ではなく「試合中であれば手を選べる」と考えます。そして、試合中かどうかを設定する独自の**プロパティ**を作成してみましょう。

　プロパティを定義するには次の構文を使います。

構文　プロパティの定義

```
[アクセス修飾子] [static] プロパティの型 プロパティ名
{
    set
    {
        ①プロパティ値の設定
    }
    get
    {
        return ②プロパティ値の取得；
    }
}
```

　アクセス修飾子およびstaticについては、これまで出てきたものと同様です。その後、メンバー変数と同様に型と名前を指定したあと、「{」、「}」で囲んでプロパティの処理を書いていきます。プロパティでは**set（セット：設定）**ブロックで①設定処理を、**get（ゲット：取得）**ブロックで②取得処理を記載します。setブロックの中では「プロパティ＝値；」のようにコードを書いたときの値を取得するため、特殊なキーワード**value（バリュー：値）**が使えます。

　それでは実際のコードを見ていきましょう。

書き込み専用/読み取り専用のプロパティ

値の設定（書き込み）、もしくは取得（読み取り）しか必要ない場合は、いらないほうのset/getブロックを省略できます。

1 MainForm.csファイルのコードエディターで、勝敗数のメンバー変数定義の下に、次のように InGameプロパティ定義を追加する（色文字部分）。

```
public partial class MainForm : Form
{
    private int roundCount;
    private int wonCount;
    private int lossCount;

    // 試合中かどうかを設定する
    private bool InGame
    {
        set
        {
            rockButtonPictureBox.Enabled = value;
            scissorsButtonPictureBox.Enabled = value;
            paperButtonPictureBox.Enabled = value;
        }
    }

    public MainForm()
    {
        InitializeComponent();
    }

    ...(省略)...
}
```

2 ［スタート］ ボタンのクリックイベントハンドラー StartButton_Clickの中で、手を選択でき るようにするコードを削除し（取り消し線部分）、InGameプロパティを使うコードに置き換 える（色文字部分）。

```
private void StartButton_Click(object sender, EventArgs e)
{
    // 手を選択できるようにする
    rockButtonPictureBox.Enabled = true;
    scissorsButtonPictureBox.Enabled = true;
    paperButtonPictureBox.Enabled = true;
    // 試合中
    InGame = true;

    // プレイヤーと敵の手の画像をクリアする
    playerHandPictureBox.Image = null;
    enemyHandPictureBox.Image = null;

    ...(省略)...
}
```

第6章 勝敗表を表示しよう

3 フォームのロードイベントハンドラー MainForm_Load の中で、手を選択できなくしている
コードを削除し（取り消し線部分）、InGame プロパティを使うコードに置き換える（色文字
部分）。

```
private void MainForm_Load(object sender, EventArgs e)
{
    // 画面を初期化する
    // 手を選択できないようにする
    rockButtonPictureBox.Enabled = false;
    scissorsButtonPictureBox.Enabled = false;
    paperButtonPictureBox.Enabled = false;
    // 試合中ではない
    InGame = false;
}
```

4 Battle メソッドの試合終了処理の最後に、フォームのロードイベントハンドラーと同様に、
InGame プロパティに false を設定するコードを追加する（色文字部分）。

```
private void Battle(JankenHand playerHand)
{
    ...(省略)...

    if (wonCount == 3 || lossCount == 3)
    {
        MessageBox.Show("試合終了！");

        ...(省略)...
        MessageBox.Show($"{gameResult}（{wonCount} 勝 ➡
        {lossCount} 敗）");

        // 試合中ではない
        InGame = false;

        return;
    }

    ...(省略)...
}
```

正しく試合終了されるか確認しよう

ここまでの実装が正しくできたか、実行して確認してみましょう。

6.3　どちらかが先に3勝したら試合を終了しよう　　**163**

1 F5 キーを押してデバッグ実行する。

結果 じゃんけんバトルアプリが起動し、画面が表示される。このとき、プレイヤーの手はまだ選べないため、マウスでポイントしてもカーソルは変化しない。

2 [スタート] ボタンをクリックする。

結果 メッセージボックスが開き、「ゲームスタート」と表示される。

3 [OK] ボタンをクリックする。

結果 メッセージボックスが閉じたあと、新たにメッセージボックスが開き、「1回戦」と表示される。

4 [OK] ボタンをクリックする。

結果 メッセージボックスが閉じる。このとき、手が選べるようになり、マウスでポイントするとカーソルが 手の形に変化する。

5 グー、チョキ、パーのいずれかをクリックする。

結果 じゃんけんが行われ、選んだ自分の手と敵の手が画面に表示される。その後、メッセージボックスが開き、勝敗結果が表示される。

6 [OK] ボタンをクリックする。

結果 メッセージボックスが閉じる。勝敗結果があいこ以外の場合は、さらにメッセージボックスが開き「2回戦」と表示される。

スタート前は手を選べない

スタート後は手を選べる

7 手順❹～❻を繰り返し、3回勝つか3回負けるまで続ける。

結果 メッセージボックスが開き、「試合終了！」と表示される。

8 ［OK］ボタンをクリックする。

結果 メッセージボックスが閉じる。新たにメッセージボックスが開き、3回勝った場合は「ゲームクリア！（3勝○敗）」と表示される。3回負けた場合は「ゲームオーバー！（○勝3敗）」と表示される。

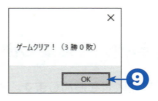

9 ［OK］ボタンをクリックする。

結果 メッセージボックスが閉じる。その後、プレイヤーの手が選べなくなり、マウスでポイントしてもカーソルは変化しない。

10 アプリ画面右上隅の × 閉じるボタンをクリックして、アプリを終了する。

試合終了後は手を選べない

6.4 勝敗表を表示しよう

ここまでで、この章の最終目的である「勝敗表」を作る準備ができました。では早速、情報エリアに作成し、勝敗結果を表示していきましょう。

情報エリアに勝敗表を追加しよう

まずは情報エリアに勝敗表を追加します。勝敗表はじゃんけんの手などと同様に、ピクチャボックスを並べて作成します。

1 ソリューションエクスプローラーで[MainForm.cs]ファイルをダブルクリックする。

結果 MainForm.csファイルのフォームデザイナーが開く。

2 ツールボックスから[コモンコントロール]－[PictureBox]を選び、情報エリアの[スタート]ボタンの下に配置する。

結果 情報エリアにピクチャボックスコントロールが追加され、ハンドルが付いた枠が表示される。

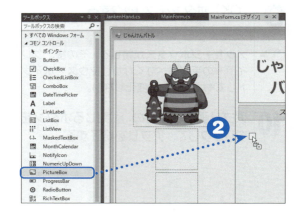

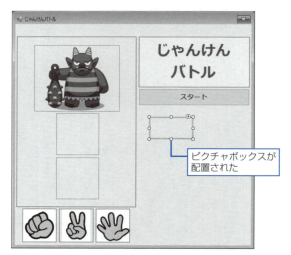

ピクチャボックスが配置された

3 プロパティウィンドウで、追加したピクチャボックスのプロパティを次の表のように設定する。

プロパティ名	値
(Name)	winLoss1PictureBox
BorderStyle	FixedSingle
Location	390, 220
Size	60, 60
SizeMode	Zoom

結果　ピクチャボックスのサイズと位置が変わる。

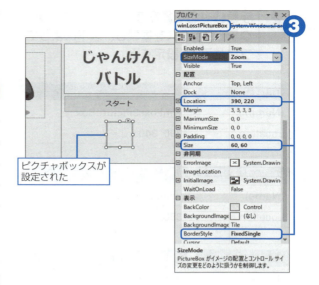

ピクチャボックスが設定された

4 手順❸で設定したwinLoss1PictureBoxピクチャボックスを選択して[Ctrl]+[C]キーを押す。

結果　選択したピクチャボックスの情報がクリップボードにコピーされる。

5 [Ctrl]+[V]キーを押す。

結果　ゲームエリアパネルの中央に、コピーしたものとNameプロパティ以外が同じピクチャボックスが複製されて追加される。

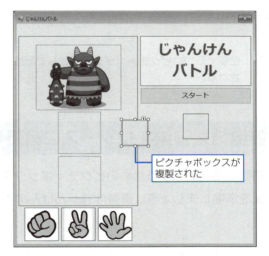

ピクチャボックスが複製された

6 プロパティウィンドウで、複製したピクチャボックスのプロパティを次の表のように設定する。

プロパティ名	値
(Name)	winLoss2PictureBox
Location	390, 280

結果　winLoss1PictureBoxピクチャボックスの真下に隣り合って複製したピクチャボックスが移動する。

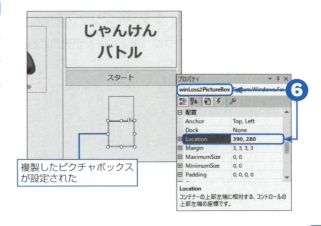

複製したピクチャボックスが設定された

6.4　勝敗表を表示しよう　**167**

7 手順❺〜❻を繰り返して、さらに3つピクチャボックスを複製し、以下のようにプロパティを設定する。

プロパティ名	値
(Name)	winLoss3PictureBox
Location	390, 340

プロパティ名	値
(Name)	winLoss4PictureBox
Location	390, 400

プロパティ名	値
(Name)	winLoss5PictureBox
Location	390, 460

ピクチャボックスが5つ設定された

結果 ▶ 全部で5つのピクチャボックスが並んで配置される。

勝敗結果画像をリソースに追加しよう

　勝敗結果を表示するためのピクチャボックスが用意できたので、次はそこに表示するための画像を準備しましょう。画像はじゃんけんの手と同様にリソースに追加して使用することにします。

1 ソリューションエクスプローラーで、[Properties] をダブルクリックする。

結果 ▶ プロジェクトのプロパティページが表示される。

2 [リソース] タブをクリックする。

結果 リソースの管理ページが表示される。

3 Windowsのエクスプローラーを開き、本書のサンプルファイルから [素材] フォルダーの [circle.png] および [cross.png] を、リソースの管理ページの枠内にドラッグ＆ドロップする。

結果 リソースに [circle] と [cross] が追加される。

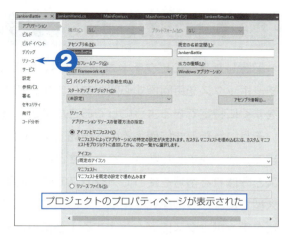

プロジェクトのプロパティページが表示された

リソースの管理ページが表示された

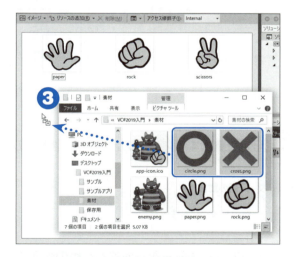

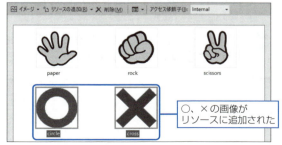

○、×の画像がリソースに追加された

6.4 勝敗表を表示しよう

勝敗表を配列にして管理しよう

　配置した5つのピクチャボックスは、今のままではラウンド数ごとに画像を設定するピクチャボックスを毎回探す必要があります。できれば、ラウンド数に対応したピクチャボックスをすぐに特定できるようにしておきたいところです。

　そういったときに使えるのが**配列**です。配列は、同じ型のデータの変数（これを**要素**といいます）が、決まった数（これを**長さ**といいます）並んでいて、それに0から始まる**インデックス**と呼ばれる番号を使ってアクセスできる特殊な型です。今回のケースでは、ピクチャボックス型で長さが5の配列を用意しておいて、「ラウンド数-1」をインデックスに指定して、対象のピクチャボックスにアクセスするようにします。

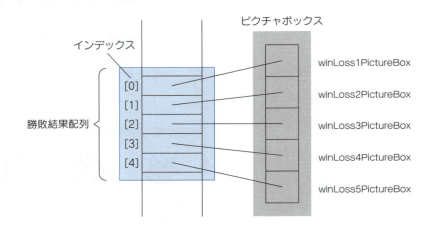

　配列を宣言するには次のように、「型名」の後ろに「[]」（角かっこ）を使います。

構文　配列の宣言

要素の型名[] 配列変数名；

それでは、勝敗表を管理するための配列をメンバー変数として宣言してみましょう。

1 ソリューションエクスプローラーで［MainForm.cs］ファイルを選択し、<> ［コードの表示］ボタンをクリックする。

結果 MainForm.csファイルのコードエディターが開く。

2 MainFormクラスのメンバー変数の宣言の下に、勝敗表管理用の配列をメンバー変数として宣言する（色文字部分）。

```
public partial class MainForm : Form
{
    private int roundCount;
    private int wonCount;
    private int lossCount;

    private PictureBox[] winLossResults;

    // 試合中かどうかを設定する
    private bool InGame
    {
        ...(省略)...
    }
    ...(省略)...
}
```

配列を初期化しよう

次に、宣言した配列の要素として勝敗表の各ピクチャボックスを使用できるよう、配列を初期化します。配列の要素を初期化するには、次のような「new [] {...}」を使った**配列作成式**という構文を使います。配列作成式で指定した要素の数は、そのまま配列の長さになります。

構文　配列作成式

配列変数名 = new[] { 要素1, 要素2, ...};

今回はメンバー変数として配列変数を宣言しています。メンバー変数の初期化は**コンストラクター**という、クラスのインスタンスを作成する際に呼ばれる初期化処理の中に記載します。コンストラクターの構文は次ページのとおりで、フォームの場合は自動的に作成されています。

ヒント

長さを指定した配列の初期化

長さを指定して配列を初期化したい場合は、「配列変数 = new 型名[長さ]」のように書きます。

6.4　勝敗表を表示しよう　171

| 構文 | コンストラクター |

```
[アクセス修飾子] 型名(型名 引数1，...)
{
    初期化処理
}
```

　それでは、勝敗結果の配列をコンストラクターの中で配列初期化子を使って実際に初期化してみましょう。

1 ソリューションエクスプローラーで［MainForm.cs］ファイルを選択し、<> ［コードの表示］ボタンをクリックする。

結果 MainForm.csファイルのコードエディターが開く。

2 MainFormクラスのコンストラクターの中に、次のように配列初期化処理を追加する（色文字部分）。

```csharp
public partial class MainForm : Form
{
    ...(省略)...

    public MainForm()
    {
        InitializeComponent();

        winLossResults = new[]
        {
            winLoss1PictureBox,
            winLoss2PictureBox,
            winLoss3PictureBox,
            winLoss4PictureBox,
            winLoss5PictureBox
        };
    }

    ...(省略)...
}
```

勝敗結果の画像を表示しよう

　ピクチャボックスコントロールと表示する画像リソース、並びにそれを管理するための配列とその初期化が終わったので、いよいよ勝敗結果に応じた画像を勝敗表に表示していきましょう。

Battle メソッドの最後で、勝ったか負けたかを判定し、ラウンド数に応じた配列要素に対して、リソースを設定します。配列の各要素にアクセスするには、次のように「[]」（角かっこ）の中に配列要素のインデックスを指定した構文を使います。

構文 **配列要素へのアクセス**

配列変数名[要素インデックス]

要素インデックスは前述のとおり0から始まる番号なので、今回は「ラウンド数-1」を渡すことで、現在のラウンドに応じた勝敗表のピクチャボックスを取得できます。実際にコードを見ていきましょう。

1 Battle メソッドのじゃんけんの結果判定処理の中で、勝った場合と負けた場合に勝敗表に画像を表示するコードを追加する（色文字部分）。

```
private void Battle(JankenHand playerHand)
{
    ...(省略)...

    switch (jankenResult)
    {
        case JankenResult.Even:
            MessageBox.Show("あいこです" + Environment.NewLine
                + "もう一度手を選んでください");
            return;
        case JankenResult.Win:
            MessageBox.Show("あなたの勝ちです");
            wonCount += 1;
            winLossResults[roundCount - 1].Image = Properties.➡
Resources.circle;
            break;
        case JankenResult.Losing:
            MessageBox.Show("あなたの負けです");
            lossCount += 1;
            winLossResults[roundCount - 1].Image = Properties.➡
Resources.cross;
            break;
        default:
            break;
    }

    ...(省略)...
}
```

6.4　勝敗表を表示しよう　　**173**

スタート時に勝敗表をクリアしよう

　最後にプレイヤー、敵の手と同様に、勝敗表も［スタート］ボタンがクリックされたときにクリアしておきましょう。クリアするには、配列の各要素すべてに対して、Imageプロパティにnullを設定する必要があります。全部の要素を列挙して処理を行うには、次の**foreach（フォーイーチ）文**を使った**繰り返し処理**を使いましょう。

> **構文 foreach文**
>
> ```
> foreach (var 要素を格納する変数名 in 配列変数)
> {
>     要素に対する処理
> }
> ```

　foreachキーワードの後ろの丸かっこ()で囲まれた部分では、要素を取り出す配列変数と、その要素を格納する変数名を指定します。そして、配列変数の要素を先頭から1つずつ取り出し、{}ブロックの処理を繰り返します。foreach文を使うと、配列の要素数がわからなくても、すべての要素に対して処理を行えます。

　それでは、勝敗表をクリアする処理のコードを見てみましょう。

1　［スタート］ボタンのクリックイベントハンドラーStartButton_Clickのプレイヤーと敵の手をクリアする処理の次に、勝敗表をクリアする処理を追加する（色文字部分）。

```
private void StartButton_Click(object sender, EventArgs e)
{
    ...(省略)...

    // プレイヤーと敵の手の画像をクリアする
    playerHandPictureBox.Image = null;
    enemyHandPictureBox.Image = null;

    // 勝敗表をクリアする
    foreach (var pictureBox in winLossResults)
    {
        pictureBox.Image = null;
    }

    // ゲーム開始メッセージを表示する
    MessageBox.Show("ゲームスタート！");

    ...(省略)...
}
```

第6章 勝敗表を表示しよう

勝敗表の動きを確認しよう

ここまでの実装が正しくできたか、実行して確認してみましょう。

1 F5 キーを押してデバッグ実行する。

結果 じゃんけんバトルアプリが起動し、画面が表示される。

2 ［スタート］ボタンをクリックする。

結果 メッセージボックスが開き、「ゲームスタート」と表示される。

3 ［OK］ボタンをクリックする。

結果 メッセージボックスが閉じたあと、新たにメッセージボックスが開き、「1回戦」と表示される。

4 ［OK］ボタンをクリックする。

結果 メッセージボックスが閉じる。

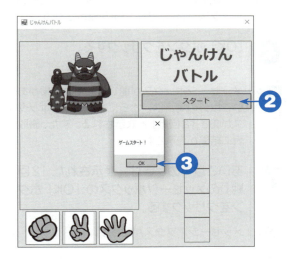

6.4 勝敗表を表示しよう

5 グー、チョキ、パーのいずれかをクリックする。

結果 じゃんけんが行われ、選んだ自分の手と敵の手が画面に表示される。その後、メッセージボックスが開き、勝敗結果が表示される。

6 ［OK］ボタンをクリックする。

結果 メッセージボックスが閉じる。勝敗結果があいこ以外の場合は、さらにメッセージボックスが開き「2回戦」と表示される。また、勝敗表に結果が表示される。

7 あいこ以外のときは、表示された「2回戦」のメッセージボックスの［OK］ボタンをクリックする。

結果 メッセージボックスが閉じる。

8 ［スタート］ボタンをクリックする。

結果 勝敗表がクリアされ、再度ゲームが開始される。

9 ［OK］ボタンをクリックしてメッセージボックスを閉じ、アプリ画面右上隅の ☒ 閉じるボタンをクリックしてアプリを終了する。

勝敗結果が表示された

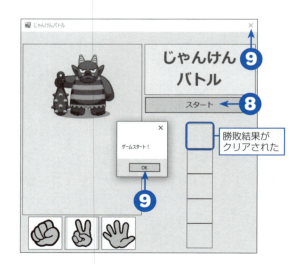

勝敗結果がクリアされた

コラム foreach以外の繰り返し構文

C#にはforeach以外にもいくつか繰り返しのための構文が用意されています。

まず、「特定の条件を満たしている間繰り返し」するための構文が**while（ホワイル）文**です。

構文 while文

```
while (条件)
{
    繰り返したい処理
}
```

whileキーワードの後ろの()の中に繰り返し判定条件を指定し、{}の中に繰り返す処理を指定します。繰り返したい処理の中で、繰り返し判定条件を判断するための変数などを変更することで、特定の条件を満たさなくなれば繰り返しが終了します。この判定条件の指定を間違えると、繰り返し処理が終わらなくなり、いわゆる「無限ループ」となるので注意が必要です。

ほかにも、「繰り返し回数を指定して繰り返し」をするためには、**for（フォー）文**が使えます。

構文 for文

```
for (int i = 0; i < 繰り返し回数; i++)
{
    繰り返したい処理
}
```

for文はforキーワードの後ろの()の中に、セミコロンで区切って①初期処理、②判定条件、③更新処理を指定します。①は繰り返し処理が行われる前に実行され、②は繰り返したい処理が行われる前に判定されます。そして、繰り返したい処理の後に③の処理が行われ、②の判定処理に戻ります。これを利用することで、上記の構文では①変数iを0に初期化し、②iが回数未満なら繰り返し処理を行い、③iを**++（インクリメント）演算子**を使って1増加させることで、指定した回数の繰り返しを実現します。

なお、変数名である「i」は繰り返し回数に慣習としてよく使われる名前で、その由来は「integer（インテジャー、整数）の頭文字である」など諸説あります。

6.4 勝敗表を表示しよう

～ もう一度確認しよう！～　チェック項目

☐ メンバー変数について理解しましたか？

☐ 数値の加算演算ができましたか？

☐ if文を使って処理を分岐できましたか？

☐ switch文を使って処理を分岐できましたか？

☐ bool値の論理演算ができましたか？

☐ 補間文字列を使って数値を埋め込んだメッセージを表示できましたか？

☐ 独自のメソッドを定義できましたか？

☐ 独自のプロパティを定義できましたか？

☐ 配列の使い方がわかりましたか？

☐ foreach文を使った繰り返し処理ができましたか？

第 **7** 章

ライフ制を導入しよう

前の章までで、ほぼゲームとしての形は整いました。この章ではさらにゲームを面白くするためにライフ制を取り入れ、ラウンドごとに複数回じゃんけんを行うように機能を追加しましょう。

7.1 できあがりをイメージしよう

7.2 ライフゲージを配置しよう

7.3 ライフ管理クラスを作ろう

7.4 ライフ管理クラスを使おう

この章で学ぶこと

この章では、ゲームにライフ制を導入するため、次の機能を実装していきます。

①1ラウンドごとに5回じゃんけんで勝つことで、そのラウンドの勝利とする
②ラウンドごとに何回勝ったかをライフゲージで表現する

その過程を通じて、この章では次の内容を学習していきます。

● プログレスバー（ProgressBar）コントロールの使い方
● 独自のクラスの作成方法
● 独自のクラスの利用方法

この章ではアプリの画面に次のようにライフゲージを追加します。

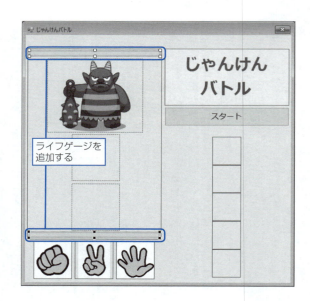

7.1 できあがりをイメージしよう

この章ではゲームにライフ制を取り入れます。目指すアプリの完成形を、サンプルアプリを実際にプレイしてイメージしておきましょう。

サンプルアプリをプレイしてみよう

　この章では現在のライフをライフゲージで表示し、ラウンドごとに複数回のじゃんけんを行うようアプリを改造していきます。作業に入る前に、サンプルアプリをプレイして完成形をイメージしておきましょう。

> **参照ファイル**
> VC#2019 入門￥サンプルアプリ￥第7章￥JankenBattle.exe

1 Windowsのエクスプローラーで本書のサンプルファイルの［サンプルアプリ］－［第7章］フォルダーを開き、［JankenBattle.exe］をダブルクリックする。

結果　「じゃんけんバトル」のゲーム画面が表示される。このとき、プレイヤーと敵のライフゲージは空で表示される。

2 ［スタート］ボタンをクリックする。

結果　メッセージボックスが開き、「ゲームスタート」と表示される。

3 ［OK］ボタンをクリックする。

結果　メッセージボックスが閉じる。その後、プレイヤーと敵のライフゲージが最大になり、メッセージボックスが開いて「1回戦」と表示される。

4 [OK] ボタンをクリックする。

結果 メッセージボックスが閉じる。

5 グー、チョキ、パーのいずれかをクリックする。

結果 じゃんけんが行われ、選んだ自分の手と敵の手が画面に表示される。その後、勝敗結果によって、プレイヤーまたは敵の負けたほうのライフゲージが1ポイント分減る。

6 プレイヤーか敵のライフがなくなるまでじゃんけんを繰り返す。

結果 メッセージボックスが開き、敵のライフがなくなった場合は「1回戦はあなたの勝ちです」、プレイヤーのライフがなくなった場合は「1回戦はあなたの負けです」と表示される。

7 [OK] ボタンをクリックする。

結果 メッセージボックスが閉じ、勝敗表に○または×が表示される。その後、プレイヤーと敵のライフゲージが最大に回復し、メッセージボックスが開いて「2回戦」と表示される。

8 [OK] ボタンをクリックしてメッセージボックスを閉じ、アプリ画面右上隅の ×閉じるボタンをクリックしてアプリを終了する。

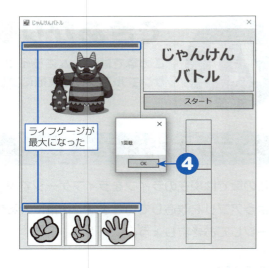

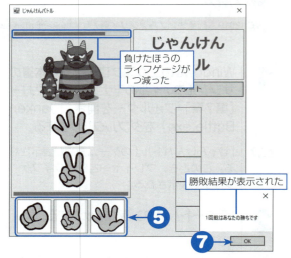

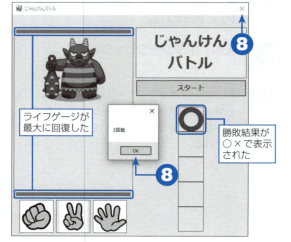

第7章 ライフ制を導入しよう

7.2 ライフゲージを配置しよう

ライフ制を取り入れるにあたって、どのようにプレイヤーと敵のライフを管理すればよいのか考えていきましょう。

どのようにライフを管理するか考えよう

サンプルアプリで見たように、「ライフ」には次のような特徴があります。

・ラウンドごとに最大値である5まで回復する
・じゃんけんで負けるごとに1つ減る
・0になったら負けになる
・現在値はライフゲージで視覚的に表現する

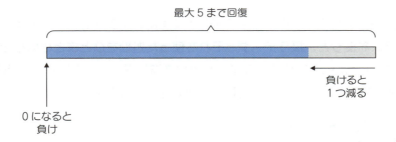

　そして、このライフはプレイヤーと敵の双方で別々に管理する必要があります。仮に今のコードのように、ライフの数字や現在値をフィールドとして追加するとしましょう。そうすると、「ライフを5にリセットする」、「ライフを1減らす」という同じような処理を、プレイヤーと敵のライフそれぞれ別々にコードに書くことになってしまいます。これでは作業の無駄も多いですし、いざ変更しようと思っても変更箇所が多いため、修正が大変になり間違いも起きやすくなります。

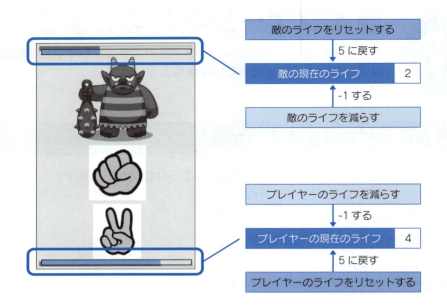

　この問題を解決するために、ここではライフ管理専用のクラスを作成します。すでに説明したとおり、クラスを使うと、扱うデータとそれを使った処理をひとまとめにしたインスタンスを作成できます。したがって、現在のライフやその増減処理、ライフゲージの操作を共通化し、プレイヤーと敵で別々のインスタンスとして管理できるようになります。

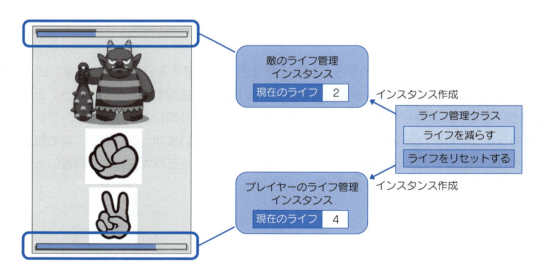

プログレスバーコントロールを配置しよう

ライフの管理はクラスを作成して行うことにしましたので、次に、その表示を行うためのライフゲージについて考えます。ライフゲージは横向きのバーで表し、値の増減によってバーの長さが変わります。

このような表現に使えるのが**プログレスバー（ProgressBar）コントロール**です。進捗率を視覚的に表現するためのコントロールで、最大値に対する現在値の比率をバーの長さで表します。例えば、ある処理に必要な作業が10あるとして、そのうち4つが終わっていれば、バーは5分の2（40%）の長さとして表示されます。

それでは、敵とプレイヤーのライフゲージを表すプログレスバーコントロールを、アプリの画面に追加していきましょう。

1 VS2019でJankenBattleソリューションを開き、ソリューションエクスプローラーで［MainForm.cs］ファイルをダブルクリックする。

結果▶ MainForm.csファイルのフォームデザイナーが開く。

2 ツールボックスから［コモンコントロール］-［ProgressBar］を選び、ゲームエリアパネルの一番上に配置する。

結果▶ ゲームエリアにプログレスバーコントロールが追加され、ハンドルが付いた枠が表示される。

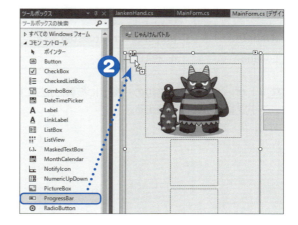

3 プロパティウィンドウで、プログレスバーのプロパティを次の表のように設定する。

プロパティ名	値
(Name)	enemyLifeProgressBar
Location	4, 4
Size	270, 10

結果▶ プログレスバーのサイズと位置が変わる。

7.2 ライフゲージを配置しよう　**185**

4 設定したenemyLifeProgressBarプログレスバーを選択して[Ctrl]+[C]キーを押す。

結果 選択したプログレスバーの情報がクリップボードにコピーされる。

5 [Ctrl]+[V]キーを押す。

結果 ゲームエリアパネルの中央に、コピーしたものとNameプロパティ以外が同じプログレスバーが複製されて追加される。

6 プロパティウィンドウで、複製したプログレスバーのプロパティを次の表のように設定する。

プロパティ名	値
(Name)	playerLifeProgressBar
Location	4, 394

結果 ゲームエリアパネルの一番下に複製したプログレスバーが移動する。

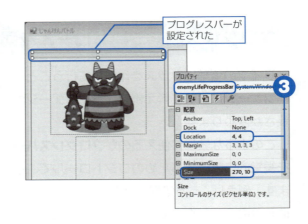

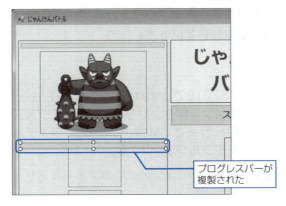

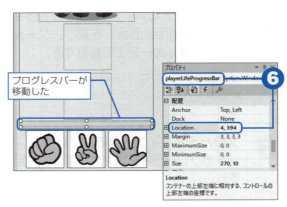

ライフ管理クラスを作ろう

プログレスバーを配置したので、今度はその操作を行うためのクラスを作成しましょう。

クラスに必要な機能を考えよう

ライフを表現するため、クラスにはどんな機能が必要なのか考えてみましょう。

①ライフの最大値を指定する

本書の範囲ではプレイヤーと敵のライフの最大値を同じ「5」にしています。しかし、例えば今後難易度を変える機能を追加することになり、そのときは敵のライフだけ最大値を「10」にしたくなるかもしれません。そのため、「5」という数字をクラスの中で直接指定するのではなく、クラスの外から指定できるようにしたほうがよいでしょう。

②ライフを減らす

じゃんけんで負けた際に使う、ライフを減らす処理も必要です。直接ライフの値を操作したくなりますが、それでは「ライフを扱う」という機能の一部を、クラスを利用する側で担わなければならなくなってしまいますので避けましょう。ライフを減らす際は、ライフゲージの長さも一緒に短くします。

③ライフが残っているか判定する

ラウンド終了を判定するため、ライフが残っているかどうかを判定できる必要もあります。ラウンド終了の条件は、プレイヤーか敵のどちらかのライフがなくなることでした。したがって、ライフがなくなったかどうかを、直接ライフの値を見るのではなくクラスの機能として提供することで、プレイヤーと敵で同じ処理を複数回書く必要がなくなります。

④ライフをリセットする

ラウンド開始前にはライフを最大値にリセットできなければいけません。ライフをリセットするとともに、ライフゲージも最大にリセットします。

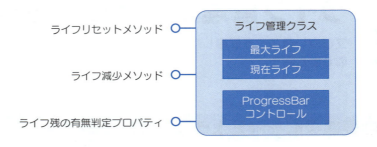

ライフ管理クラスを追加しよう

それではライフ管理クラスを作成していきましょう。

クラスについては第4章の4.2節の「フォームもクラスのひとつ」でも簡単に説明しました。クラスを定義するには次の構文を使います。

構文　クラスの定義

```
using　インポートする名前空間名;

namespace　名前空間名
{
    ［アクセス修飾子］　クラス名
    {
        ... クラスのメンバー定義 ...
    }
}
```

最初の **using（ユージング）ディレクティブ** は、クラスの内部で使用したい他のクラスの名前空間名を指定します。こうすると、このファイルの中ではそのクラスを名前空間名を省略して使うことができます。このことを **名前空間をインポートする** ともいいます。

次のnamespaceは、第5章の5.3節の「列挙型のコードを理解しよう」で紹介したものと同じキーワードです。

そして、アクセス修飾子とクラス名が続きます。アクセス修飾子はメソッドとは異なり、publicまたは **internal**（インターナル：内部の）のどちらかを指定します。internalを指定すると、そのクラスは他のプロジェクトで使えなくできます。なお、アクセス修飾子を省略した場合は、internalとして扱われます。

それでは、ライフ管理を行うクラスを定義するためのファイルをプロジェクトに追加しましょう。

1 ソリューションエクスプローラーで［JankenBattle］プロジェクトを右クリックし、［追加］-［クラス］を選択する。

結果 ［新しい項目の追加］ダイアログボックスが表示され、［クラス］が選択された状態になる。

2 「新しい項目の追加」ダイアログボックスで、［名前］にあらかじめ入力されている「Class1.cs」を削除して、**LifeGage.cs**と入力する。

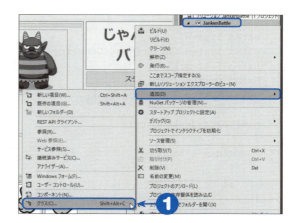

3 ［追加］をクリックする。

結果 JankenBattleプロジェクトにLifeGage.csファイルが追加され、コードエディターで表示される。クラスのひな形となるコードがあらかじめ入力されている。

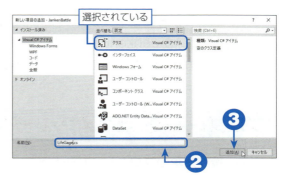

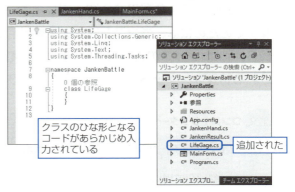

あらかじめ入力されている、クラスのひな形となるコードを見てみましょう（次ページ）。

7.3 ライフ管理クラスを作ろう　**189**

```
using System;
using System.Collections.Generic;
using System.Linq;
using System.Text;
using System.Threading.Tasks;

namespace JankenBattle
{
    class LifeGage
    {
    }
}
```

　まず、usingディレクティブによって、5つの名前空間がインポートされます。そして、LifeGageクラスがJankenBattle名前空間の中に作成されます。なお、アクセス修飾子が省略されているので、先述のとおり、このLifeGageクラスはinternalとして扱われます。

プログレスバー型のメンバー変数を追加して初期化しよう

　次に、操作対象のプログレスバーをメンバー変数として追加します。このメンバー変数は、LifeGageクラスを利用する際、プレイヤーまたは敵のプログレスバーを使って初期化します。そのためには、**コンストラクター**を利用します。コンストラクターとは、第5章の5.4節のRandomクラスのときのように、new演算子を使ってインスタンスを作成するときに実行される特殊なメソッドです。その構文は次のとおりです。

構文　コンストラクター

```
[アクセス修飾子] クラス名(引数の型 引数名, ...)
{
   ... 初期化処理 ..
}
```

　アクセス修飾子は、メンバー変数やフィールドと同じようにpublicやprivateを指定できます。コンストラクターには引数を付けることもでき、「new クラス名(データ)」のように、クラスを利用する際に外部からデータを渡すことができます。

　本書で作成するアプリでは、コンストラクターに引数でプログレスバーとライフの最大値を渡し、プログレスバーの初期設定を行うようにします。ライフの最大値は、プログレスバーコントロールの**Maximum（マキシマム：最大値）プロパティ**に設定します。

　それでは、LifeGageクラスに手を加えていきましょう。

1 前の項で作成したLifeGageクラスに、ProgressBar型メンバー変数の定義コードを追加する（色文字部分）。

```
namespace JankenBattle
{
    class LifeGage
    {
        private ProgressBar progressBar;
    }
}
```

結果 追加したコードの「ProgressBar」の部分に赤い波下線が表示され、コンパイルエラーの箇所が示される。

2 波下線の付いた「ProgressBar」の部分をマウスでポイントする。

結果 コンパイルエラーの原因が表示される。

3 赤丸に×のマークがついた電球のアイコンをクリックし、表示された修正候補から［using System.Windows.Forms;］をクリックする。

結果 コードにusingディレクティブが追加され、コンパイルエラーが解消される。

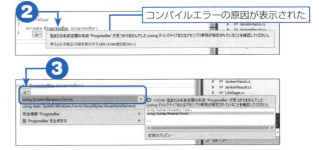

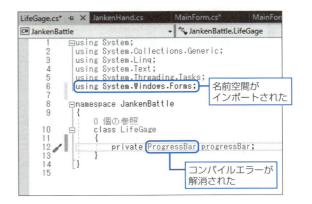

7.3 ライフ管理クラスを作ろう

4 追加したメンバー変数に、ProgressBar型の引数を受け取り、progressBarメンバー変数を初期化するコンストラクターのコードを追加する（色文字部分）。

```
namespace JankenBattle
{
    class LifeGage
    {
        private ProgressBar progressBar;

        public LifeGage(ProgressBar progressBar, int maxLife)
        {
            this.progressBar = progressBar;
            this.progressBar.Maximum = maxLife;
        }
    }

}
```

ライフを減らすメソッドを追加しよう

　続いて、じゃんけんで負けたときにライフを減らす機能を追加します。ライフの現在値を直接設定することもできますが、プログレスバーコントロールには進捗状況を次に進めるための**PerformStep（パーフォームステップ）メソッド**と、そのときに進める量を指定する**Step（ステップ）プロパティ**があるので、これを利用します。具体的には、Stepプロパティに-1を設定してPerformStepメソッドを呼び出すことで、プログレスバーの現在値が1つずつ減るようにします。

1 LifeGageクラスのコンストラクターに、プログレスバーのStepプロパティを-1で初期化するコードを追加する（色文字部分）。

```
        public LifeGage(ProgressBar progressBar, int maxLife)
        {
            this.progressBar = progressBar;
            this.progressBar.Maximum = maxLife;
            this.progressBar.Step = -1;
        }
```

192　第7章 ライフ制を導入しよう

2 LifeGageクラスのコンストラクターの下にAttackメソッドを追加し、プログレスバーの
PerformStepメソッドを呼び出すコードを記述する（色文字部分）。

```
namespace JankenBattle
{
    class LifeGage
    {
        private ProgressBar progressBar;

        public LifeGage(ProgressBar progressBar, int maxLife)
        {
        ...(省略)...
        }

        public void Attack()
        {
            this.progressBar.PerformStep();
        }
    }
}
```

ライフが残っているかを判定するプロパティを追加しよう

　ライフが減らせるようになったので、今度はライフが残っているか判断するためのプロパ
ティを追加します。プログレスバーには現在の値を表す **Value（バリュー：値）プロパティ**が
あるので、この値が0より大きければライフが残っていると判断できます。

1 LifeGageクラスのAttackメソッドの下に取得専用のAliveプロパティを追加し、プログレ
スバーのValueメソッドが0より大きいか判定するコードを記述する（色文字部分）。

```
namespace JankenBattle
{
    class LifeGage
    {
        private ProgressBar progressBar;

        ...(省略)...

        public void Attack()
        {
            this.progressBar.PerformStep();
        }

        public bool Alive => this.progressBar.Value > 0;
    }
}
```

7.3　ライフ管理クラスを作ろう **193**

なお、今回のように単純な式で表せる取得のみ行うようなプロパティは、次の構文を使って定義することもできます。

構文 取得専用プロパティの式定義

[アクセス修飾子] [static] プロパティ名 => プロパティが返すデータ;

アクセス修飾子、staticキーワードについてはメソッド等と同じです。ポイントは**=>（goes to：ゴーズトゥ、アロー）演算子**です。第6章の6.3節で紹介したプロパティ定義の構文では「public bool Alive { get { return this.progressBar.Value > 0; } }」のように書く必要がありますが、この構文を使うと先ほどのコードのようにすっきりと表現できます。

ライフゲージをリセットするメソッドを追加しよう

最後に、ラウンド開始時にライフを最大値にリセットするためのメソッドを作成しましょう。前の項で追加したValueプロパティにMaximumプロパティの値を設定することで、プログレスバーの長さが最大になり、ライフゲージをリセットできます。

1 LifeGageクラスの最後に、ライフをリセットするためのResetLifeメソッドを追加する（色文字部分）。

```
namespace JankenBattle
{
    class LifeGage
    {
        private ProgressBar progressBar;

        ...（省略）...

        public bool Alive => this.progressBar.Value > 0;

        public void ResetLife()
        {
            this.progressBar.Value = this.progressBar.Maximum;
        }
    }
}
```

194 第7章 ライフ制を導入しよう

ライフ管理クラスを使おう

ライフ管理クラスが作成できたので、アプリで実際に使っていきましょう。

LifeGage型のメンバー変数を追加しよう

　まずはプレイヤーと敵のライフを管理するため、それぞれに対応したライフ管理クラスのメンバー変数を追加します。また、コンストラクターを使ってフォームのプログレスバーと対応付けます。

1 ソリューションエクスプローラーで［MainForm.cs］ファイルを選択し、<> ［コードの表示］ボタンをクリックする。

結果 MainForm.csファイルのコードエディターが開く。

2 MainFormクラスの次の位置に、プレイヤーと敵のLifeGage型メンバー変数の宣言を追加する（色文字部分）。

```
public partial class MainForm : Form
{
    ...(省略)...

    private PictureBox[] winLossResults;

    private LifeGage playerLifeGage;
    private LifeGage enemyLifeGage;

    // 試合中かどうかを設定する
    private bool InGame
    ...(省略)...
}
```

3 MainFormクラスのコンストラクターに、フォームのプログレスバーと最大ライフ5を指定して、プレイヤーと敵のLifeGage型メンバー変数を初期化するための処理を追加する（色文字部分）。

```
public MainForm()
{
    InitializeComponent();

    winLossResults = new[]
    {
```

```
        ...(省略)...
    };

    playerLifeGage = new LifeGage(playerLifeProgressBar, 5);
    enemyLifeGage = new LifeGage(enemyLifeProgressBar, 5);
}
```

ラウンド開始時にライフをリセットしよう

　ライフ管理クラスのメンバー変数の初期化を行ったので、今度はラウンド開始時にライフの
リセットを行います。また、ライフゲージのリセットとともに、次のラウンドに移ったことが
わかりやすいよう、敵とプレイヤーのじゃんけんの手の画像もクリアするようにしましょう。

1 MainForm.csファイルのコードエディターで、NextRoundメソッドにライフのリセット処
理を追加する（色文字部分）。

```
// 次のラウンドに移行する
private void NextRound()
{
    // ライフリセット
    playerLifeGage.ResetLife();
    enemyLifeGage.ResetLife();

    // ラウンド数加算
    roundCount += 1;

    MessageBox.Show($"{roundCount}回戦");
}
```

2 続けて、NextRoundメソッドにじゃんけん画像をクリアするための処理を追加する（色文
字部分）。

```
// 次のラウンドに移る
private void NextRound()
{
    // ライフリセット
    playerLifeGage.ResetLife();
    enemyLifeGage.ResetLife();

    // プレイヤーと敵の手の画像をクリアする
    playerHandPictureBox.Image = null;
    enemyHandPictureBox.Image = null;

    // ラウンド数加算
```

196 第7章 ライフ制を導入しよう

```
        roundCount += 1;

        MessageBox.Show($"{roundCount}回戦");
    }
```

じゃんけんに勝ったら相手のライフを減らそう

今度は、じゃんけんで勝ったときに相手のライフを減らすようにします。

1 MainForm.csファイルのコードエディターで、Battleメソッドの勝敗結果の判定処理の中に、負けたほうのライフを減らすコードを追加する（色文字部分）。

```
private void Battle(JankenHand playerHand)
{
    ...（省略）...

    switch (jankenResult)
    {
        case JankenResult.Even:
            MessageBox.Show("あいこです");
            MessageBox.Show("もう一度手を選んでください");
            return;
        case JankenResult.Win:
            enemyLifeGage.Attack();
            MessageBox.Show("あなたの勝ちです");
            wonCount += 1;
            winLossResults[roundCount - 1].Image = Properties. ➡
Resources.circle;
            break;
        case JankenResult.Losing:
            playerLifeGage.Attack();
            MessageBox.Show("あなたの負けです");
            lossCount += 1;
            winLossResults[roundCount - 1].Image = Properties. ➡
Resources.cross;
            break;
        default:
            break;
    }

    ...（省略）...
}
```

7.4　ライフ管理クラスを使おう　　**197**

ラウンド終了を判定しよう

最後に、ラウンド終了の判定条件を変更します。これまではじゃんけんに勝つか負けるかすれば、その時点でラウンド終了になっていました。しかし、ライフ制を取り入れたため、プレイヤーか敵の残ライフがなくなった時点でラウンドを終了するように変更しなければなりません。

そのためには、Battleメソッドで勝敗結果を判定したあとに、ライフ管理クラスメンバー変数の残ライフ判定処理を呼び出してラウンド終了処理を行います。また、勝敗結果判定の中で行っている勝敗結果の表示処理なども、ラウンド終了処理に移動する必要があります。順に見ていきましょう。

1 MainForm.csファイルのコードエディターで、Battleメソッドで試合終了を判定する処理の前に、ラウンドを継続するかどうかを判定する処理を追加する（色文字部分）。

```
private void Battle(JankenHand playerHand)
{
    ...(省略)...

    // ライフが残っていればラウンドを継続する
    if (playerLifeGage.Alive && enemyLifeGage.Alive)
    {
        return;
    }

    // 試合終了を判定する
    if (wonCount == 3 || lossCount == 3)
    {
        ...(省略)...
    }

    ...(省略)...
}
```

198 第7章 ライフ制を導入しよう

2 手順❶のコードのすぐ下に、勝敗判定のためのif文を追加する（色文字部分）。

```
private void Battle(JankenHand playerHand)
{
    ...(省略)...

    // ライフが残っていればラウンドを継続する
    if (playerLifeGage.Alive && enemyLifeGage.Alive)
    {
        return;
    }

    // どちらかのライフがなくなっているのでラウンドを終了する
    if (playerLifeGage.Alive)
    {
    }
    else
    {
    }

    ...(省略)...
}
```

3 手順❷で追加したif文の中に、勝敗結果の表示処理を追加する（色文字部分）。

```
private void Battle(JankenHand playerHand)
{
    ...(省略)...
    // どちらかのライフがなくなっているのでラウンドを終了する
    Image winLossResultImage;
    if (playerLifeGage.Alive)
    {
        MessageBox.Show($"{roundCount}回戦はあなたの勝ちです");
        wonCount += 1;
        winLossResultImage = Properties.Resources.circle;
    }
    else
    {
        MessageBox.Show($"{roundCount}回戦はあなたの負けです");
        lossCount += 1;
        winLossResultImage = Properties.Resources.cross;
    }
    winLossResults[roundCount - 1].Image = winLossResultImage;
    ...(省略)...
}
```

7.4　ライフ管理クラスを使おう　**199**

4 既存の勝敗結果を表示する処理を削除する（取り消し線部分）。

```
private void Battle(JankenHand playerHand)
{
    ...(省略)...

    switch (jankenResult)
    {
        case JankenResult.Even:
            MessageBox.Show("あいこです" + Environment.NewLine
                + "もう一度手を選んでください");
            return;
        case JankenResult.Win:
            enemyLifeGage.Attack();
            MessageBox.Show("あなたの勝ちです");
            wonCount += 1;
            winLossResults[roundCount - 1].Image = Properties. ➥
Resources.circle;
            break;
        case JankenResult.Losing:
            playerLifeGage.Attack();
            MessageBox.Show("あなたの負けです");
            lossCount += 1;
            winLossResults[roundCount - 1].Image = Properties. ➥
Resources.cross;
            break;
        default:
            break;
    }

    // ライフが残っていればラウンドを継続する
    if (playerLifeGage.Alive && enemyLifeGage.Alive)
    {
        return;
    }

    ...(省略)...
}
```

できあがりを確認しよう

ライフ制を取り入れたアプリを実行して、動作を確認しましょう。

1 F5 キーを押してデバッグ実行する。

結果 ビルドが正常終了すればアプリが起動し、画面が表示される。

2 ［スタート］ボタンをクリックする。

結果 ゲームが始まり、メッセージボックスで「ゲームスタート！」と表示される。

3 ［OK］ボタンをクリックする。

結果 メッセージボックスが閉じ、新たなメッセージボックスで「1回戦」と表示される。また、敵とプレイヤーのライフが最大値にセットされる。

4 ［OK］ボタンをクリックする。

結果 メッセージボックスが閉じる。

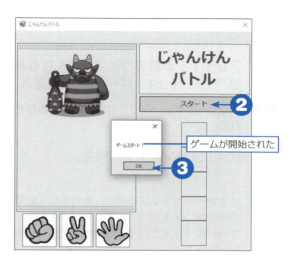

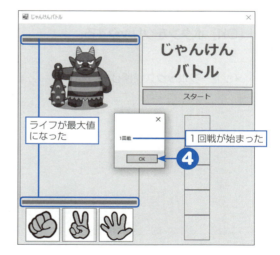

5 グーをクリックする。このとき、マウスカーソルは手の形になっている。

結果 プレイヤーの手にグーが表示され、敵の手にランダムに選ばれた手が表示される。また、あいこでなければ、負けたほうのライフが減る。

6 プレイヤーか敵のライフがなくなるまで、グー、チョキ、パーを繰り返し選ぶ。

結果 メッセージボックスで1回戦の結果が表示される。

7 [OK] ボタンをクリックする。

結果 メッセージボックスが閉じ、勝敗表に1回戦の勝敗が○×で表示されたあと、新たなメッセージボックスで「2回戦」と表示される。また、敵とプレイヤーのライフが最大値にリセットされる。

8 [OK] ボタンをクリックする。

結果 メッセージボックスが閉じる。

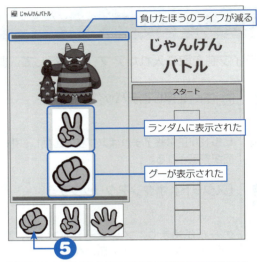

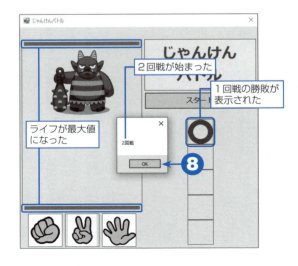

9 どちらかが3勝するまでじゃんけんを繰り返す。

結果 メッセージボックスで「試合終了！」と表示される。

10 ［OK］ボタンをクリックする。

結果 メッセージボックスが閉じ、新たなメッセージボックスで勝敗数とともに試合の結果が表示される。

11 ［OK］ボタンをクリックする。

結果 メッセージボックスが閉じる。

12 グーをマウスでポイントする。

結果 マウスカーソルの形が変わらず、クリックできなくなる。

13 アプリ画面右上隅の ×閉じるボタンをクリックしてアプリを終了する。

7.4 ライフ管理クラスを使おう　**203**

staticクラス

　クラスを定義する際、staticなメンバーのみを集めたクラスを作りたい場合があります。こういったクラスは、アクセス修飾子の後ろに**staticキーワード**を付けてstaticクラスとして定義します。

> **構文** staticクラスの定義
>
> ```
> pubic static class クラス名
> {
>     ... staticメンバー（メソッド、プロパティ等）
> }
> ```

　なお、staticクラスを使用する場合は、そのフィールドやプロパティが、アプリが動作している間共有されることに気を付けてください。

～もう一度確認しよう！～　チェック項目

- ☐ プログレスバーコントロールの使い方を理解しましたか？
- ☐ 新たなクラスファイルを追加できましたか？
- ☐ 独自のクラスを定義できましたか？
- ☐ クラスにメソッドを定義できましたか？
- ☐ クラスにプロパティを定義できましたか？
- ☐ 引数のあるコンストラクターを定義できましたか？
- ☐ コンストラクターに引数を渡してインスタンスを初期化できましたか？
- ☐ クラスのメソッドを呼び出せましたか？
- ☐ クラスのプロパティから値を取得できましたか？

第 **8** 章

メニューを付けよう

アプリ作成の最後の仕上げとして、この章ではアプリ
にメニューを追加します。ゲームの開始、アプリの終
了といったメニューの作成方法とともに、別画面でア
プリ情報を表示する方法を学びましょう。

8.1　できあがりをイメージしよう

8.2　メニューを追加しよう

8.3　メニューの処理を追加しよう

8.4　アプリの情報を表示してみよう

この章で学ぶこと

この章では、アプリにメニューを追加するため、次の機能を実装します。

① メニューバーを追加する
② ［ゲーム］メニューからゲームの開始、終了をする
③ ［情報］メニューからアプリの名前やバージョンなどの情報を表示する

その過程を通じて、この章では次の内容を学習していきます。

- **MenuStrip** コントロールの使い方
- 情報ボックスの作り方
- アプリ情報の編集の仕方
- サブ画面の表示の仕方

フォームには次のようにメニューを追加します。

また、メニューの［情報］をクリックすることで、次のような情報ボックスを表示します。

8.1 できあがりをイメージしよう

この章で目指すアプリの完成形を、サンプルアプリを実際にプレイしてイメージしておきましょう。

サンプルアプリをプレイしてみよう

この章ではメニューからゲームの開始、終了およびアプリ情報の表示を行うようアプリを改造していきます。作業に入る前に、サンプルアプリをプレイして完成形をイメージしておきましょう。

> **参照ファイル**
> VC#2019入門￥サンプルアプリ￥第8章￥JankenBattle.exe

1 Windowsのエクスプローラーで本書のサンプルファイルの［サンプルアプリ］－［第8章］フォルダーを開き、［JankenBattle.exe］をダブルクリックする。

結果 「じゃんけんバトル」のゲーム画面が表示される。

2 ［ゲーム］メニューをクリックする。

結果 ［ゲーム］メニューが展開され、サブメニューが表示される。

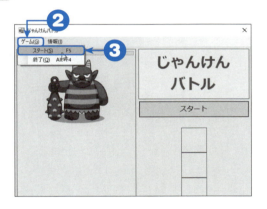

3 サブメニューから［スタート］をクリックする。

結果 ［スタート］ボタンをクリックしたときと同様にゲームが開始される。

4 ［OK］ボタンをクリックする。

結果 メッセージボックスが閉じる。その後プレイヤーと敵のライフゲージが最大になり、メッセージボックスが開いて「1回戦」と表示される。

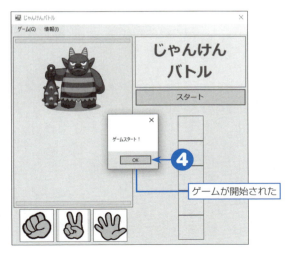

5 [OK] ボタンをクリックする。

結果 メッセージボックスが閉じる。

6 [情報] メニューをクリックする。

結果 「じゃんけんバトルのバージョン情報」という ウィンドウタイトルのアプリ情報画面が表示される。

7 [OK] ボタンをクリックする。

結果 アプリ情報画面が閉じる。

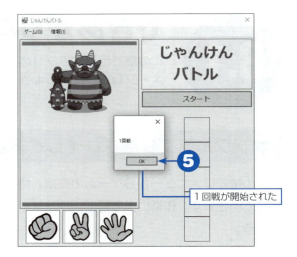

1回戦が開始された

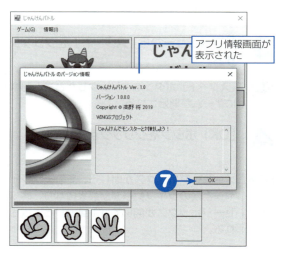

アプリ情報画面が表示された

8 [ゲーム] メニューをクリックする。

結果▶ [ゲーム] メニューが展開され、サブメニューが表示される。

9 サブメニューから [終了] をクリックする。

結果▶ アプリが終了し、ウィンドウが閉じる。

メニューを追加しよう

はじめに、アプリにメニューバーとメニュー項目を追加しましょう。

メニューバーを追加しよう

メニューバーをアプリに追加するためには、**メニューストリップ（MenuStrip）コントロール**を使います。メニューストリップコントロールを使うことで、Windowsに付属している「メモ帳」アプリのようなメニューを、簡単に作ることができます。

それでは、メニューストリップコントロールをアプリに追加しましょう。

1 VS2019でJankenBattleソリューションを開き、ソリューションエクスプローラーで［MainForm.cs］ファイルをダブルクリックする。

結果 MainForm.csファイルのフォームデザイナーが開く。

2 ツールボックスの［メニューとツールバー］－［MenuStrip］をクリックして選択する。

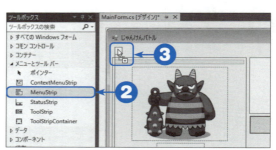

3 フォーム上のゲームエリアの上の部分をクリックする。

結果 ゲームエリアにメニューストリップコントロールが追加され、ハンドルが付いた枠と、「ここへ入力」という入力欄が表示される。また、フォームデザイナーの下部にも、追加したメニューストリップコントロールを表す［menuStrip1］が表示される。

4 プロパティウィンドウで、追加したメニューストリップコントロールのNameプロパティを **mainMenuStrip** に変更する。

結果 フォームデザイナー下部に表示されたメニューストリップコントロールの名前も「mainMenuStrip」に変わる。

用語
コンポーネントトレイ

メニューストリップコントロールを配置したときにフォームデザイナーの下部に表示された枠のことを、**コンポーネントトレイ**といいます。

［ゲーム］メニュー項目を追加しよう

　次に、メニューバーに［ゲーム］メニュー項目を追加します。メニューストリップコントロールのメニュー項目は、**ツールストリップメニューアイテム（ToolStripMenuItem）コントロール**として追加されます。

　Windowsの「メモ帳」やVS2019のメニュー項目を見ると、例えば「ファイル(F)」のように()で囲まれたアルファベットが付いています。これは Alt キーと F キーを押すことでも［ファイル］メニューを開くことができることを表し、こういった操作を行うキーを**アクセスキー**といいます。アクセスキーを設定するには、メニュー項目の名前を入力するとき、「ゲーム(&G)」のように、&（アンパサンド）のあとにキーを指定します。なお、「(&G)」の部分はすべて半角文字で入力します。

1 追加したメニューストリップコントロールの中の「ここへ入力」と表示された入力欄をクリックする。

結果 メニュー項目が追加され、その項目名の入力欄が表示される。

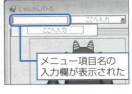

2 メニュー項目名として**ゲーム(&G)**と入力して Enter キーを押す。

結果 ［ゲーム］メニュー項目が追加される。

8.2 メニューを追加しよう　**211**

3 追加された［ゲーム］メニュー項目をクリックする。

結果　［ゲーム］メニュー項目が選択され、プロパティウィンドウにそのプロパティが表示される。

4 プロパティウィンドウで、［ゲーム］メニュー項目のNameプロパティを **gameToolStripMenuItem** に変更する。

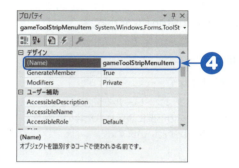

 注意

「ここへ入力」が表示されていない場合

メニューストリップコントロールが選択されていないと、「ここへ入力」という入力欄が表示されません。まずフォーム上のメニューストリップコントロールをクリックして選択してください。

サブメニューを追加しよう

　今度は、先ほど追加した［ゲーム］メニュー項目に、［スタート］と［終了］のサブメニュー項目を追加します。手順は［ゲーム］メニュー項目の追加とほぼ同じです。

　サブメニュー項目にはアクセスキーを設定することができるので、一緒に設定しましょう。

1 ［ゲーム］メニュー項目の中の「ここへ入力」と表示された入力欄をクリックする。

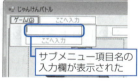

結果　サブメニュー項目が追加され、その項目名の入力欄が表示される。

2 サブメニュー項目名として **スタート(&S)**（「S」は大文字）と入力して Enter キーを押す。

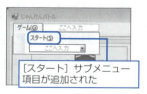

結果　［スタート］サブメニュー項目が追加される。

3 追加された［スタート］サブメニュー項目をクリックする。

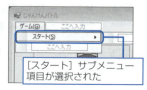

結果　［スタート］サブメニュー項目が選択され、プロパティウィンドウにそのプロパティが表示される。

4 プロパティウィンドウで、［スタート］サブメニュー項目のNameプロパティを **startToolStripMenuItem** に変更する。

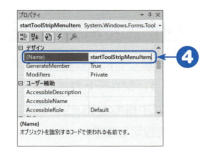

5 ［スタート］サブメニュー項目の下の「ここへ入力」と表示された入力欄をクリックする。

結果 ▶ サブメニュー項目が追加され、その項目名の入力欄が表示される。

 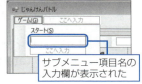

6 サブメニュー項目名として **終了(&Q)** と入力して Enter キーを押す。

結果 ▶ ［終了］サブメニュー項目が追加される。

7 追加された［終了］サブメニュー項目をクリックする。

結果 ▶ ［終了］サブメニュー項目が選択され、プロパティウィンドウにそのプロパティが表示される。

8 プロパティウィンドウで、［終了］サブメニュー項目のNameプロパティを **quitToolStripMenuItem** に変更する。

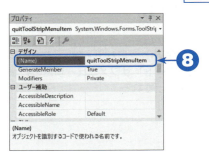

 ヒント

他の種類のメニュー項目

本書では使いませんが、メニュー項目として他にもテキストを表示する**ツールストリップテキストボックス（ToolStripTextBox）**、コンボボックスを表示する**ツールストリップコンボボックス（ToolStripComboBox）**、メニューの分割線を表示する**ツールストリップセパレーター（ToolStripSeparator）**といったコントロールも使えます。これらを使うには、「ここへ入力」と表示されているコンボボックスのドロップダウンボタンをクリックして、使いたいコントロールを選択します。

8.2 メニューを追加しよう **213**

ショートカットキーを設定しよう

［ゲーム］メニューができたところで、その中の［スタート］と［終了］にショートカットキーを設定しましょう。ショートカットキーを設定するには、ツールストリップメニューアイテムコントロールの**ShortcutKeys**プロパティを設定します。［スタート］はF5キー、［終了］はAlt+F4キーを設定します。

1 ［スタート］サブメニュー項目をクリックして選択する。

結果 プロパティウィンドウに［スタート］サブメニュー項目（startToolStripMenuItem）のプロパティが表示される。

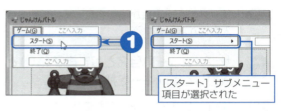

［スタート］サブメニュー項目が選択された

2 プロパティウィンドウで、［ShortcutKeys］プロパティをクリックして選択し、表示された展開ボタンをクリックする。

結果 ショートカットキー設定用の子ウィンドウが表示される。

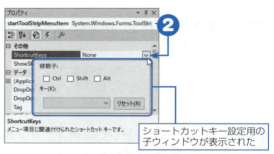

ショートカットキー設定用の子ウィンドウが表示された

3 ［キー］のドロップダウンリストをクリックして展開し、［F5］を選択する。

4 Enterキーを押す。

結果 ［ShortcutKeys］プロパティがF5キーに設定され、［スタート］サブメニュー項目の右端に「F5」と表示される。

設定したショートカットキー「F5」が表示された

第8章 メニューを付けよう

5 [終了] サブメニュー項目をクリックして選択する。

結果 ▶ プロパティウィンドウに[終了]サブメニュー項目（quitToolStirpMenuItem）のプロパティが表示される。

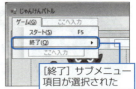

[終了] サブメニュー項目が選択された

6 プロパティウィンドウで [Shortcut Keys] プロパティをクリックして選択し、表示された ∨ 展開ボタンをクリックする。

結果 ▶ ショートカットキー設定用の子ウィンドウが表示される。

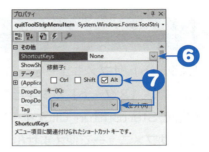

7 [修飾子] で [Alt] にチェックを入れ、[キー] のドロップダウンリストをクリックして展開し、[F4] を選択する。

8 Enter キーを押す。

結果 ▶ [ShortcutKeys] プロパティが Alt + F4 キーに設定され、[終了] サブメニュー項目の右端に「Alt+F4」と表示される。

設定したショートカットキー「Alt+F4」が表示された

8.2 メニューを追加しよう **215**

8.3 メニューの処理を追加しよう

メニュー項目を追加したので、今度はそれぞれの処理を行うコードを書いていきましょう。

[スタート] サブメニューでゲームを始めよう

それでは、[スタート] サブメニューを選んだときの処理から作っていきましょう。[スタート] サブメニューでは [スタート] ボタンと同じ処理を行います。しかし、現状では [スタート] ボタンの処理を StartButton_Click イベントハンドラーに直接書いているため、そのままでは [スタート] サブメニューで使えません。

そこで、まず StartButton_Click イベントハンドラーの処理をメソッドに抽出して、それから [スタート] メニューでそのメソッドを呼び出すコードを書くことにしましょう。

1 Mainform.cs ファイルのフォームデザイナーで、[スタート] ボタンをダブルクリックする。

結果 StartButton_Click イベントハンドラーがコードエディターで表示される。

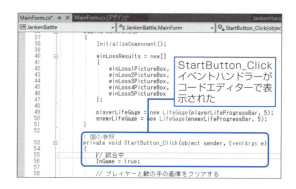

StartButton_Click イベントハンドラーがコードエディターで表示された

ヒント

コントロールをダブルクリックすると

フォームデザイナーでコントロールをダブルクリックすると、コードエディターが開き、そのコントロールの既定のイベントハンドラーの箇所にジャンプします。例えば Button コントロールなら Click イベントハンドラー、TextBox コントロールなら TextChanged イベントハンドラーにジャンプします。既定のイベントハンドラーをまだ作成していないコントロールをダブルクリックすると、新たにイベントハンドラーが作成されてしまうので、むやみにダブルクリックしないように注意してください。

2 StartButton_Clickイベントハンドラーのコードの最初から最後の行まで（「// 試合中」から「NextRound();」まで）、行番号欄をマウスでドラッグして選択する。

結果 ▶ 🔧マイナスドライバーのアイコンが表示される。

3 表示された🔧マイナスドライバーのアイコンをクリックする。

結果 ▶ ［メソッドの抽出］が表示される。

4 ［メソッドの抽出］をクリックする。

結果 ▶ StartButton_Clickイベントハンドラーの選択したコードが新たに「NewMethod」という名前のメソッドとして定義され、その呼び出しコードに置き換えられる。そして、［NewMethodの名前変更］ボックスが表示される。

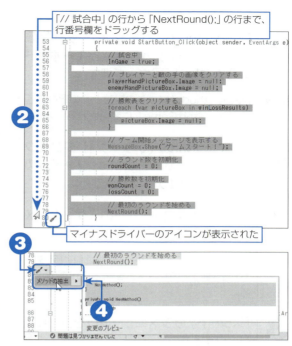

「// 試合中」の行から「NextRound();」の行まで、行番号欄をドラッグする

マイナスドライバーのアイコンが表示された

NewMethodメソッドの呼び出しコードに置き換えられた

［NewMethodの名前変更］ボックスが表示された

選択していたコードを使ったNewMethodメソッドが新たに定義された

 ヒント

イベントハンドラーを間違って作成してしまったら

間違ってイベントハンドラーを作成してしまったときは、コードエディター上で削除すると挙動がおかしくなってしまうことがあるので、必ずプロパティウィンドウから削除してください。プロパティウィンドウで削除したいイベントをクリックし、右側の欄に表示されたイベントハンドラー名を Delete キーで削除します。

8.3 メニューの処理を追加しよう **217**

5 NewMethodにカーソルがある状態で、そのまま **StartGame** とキーボードから入力し、Enterキーを押す。

結果 NewMethodメソッドの定義とその呼び出し箇所が「StartGame」に変更される。

6 [MainForm.cs [デザイン]] タブをクリックして、MainForm.csファイルのフォームデザイナーを表示する。

7 フォームのメニューバーの [ゲーム] メニュー項目をクリックする。

結果 [ゲーム] メニュー項目が展開され、[スタート] と [終了] のサブメニュー項目が表示される。

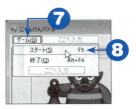

8 [スタート] サブメニュー項目をダブルクリックする。

結果 startToolStripMenuItemコントロールのClickイベントに対するイベントハンドラー「StartToolStripMenuItem_Click」が作成され、コードエディターで表示される。

9 StartToolStripMenuItem_Clickイベントハンドラーに、StartGameメソッドを呼び出すコードを追加する（色文字部分）。

```
private void StartToolStripMenuItem_Click(object sender, EventArgs e)
{
    StartGame();
}
```

［終了］サブメニューでゲームを終了しよう

次に、［終了］サブメニューを選択したときの処理を作りましょう。［終了］サブメニューをクリックしたときは、フォームクラスの**Close（クローズ：閉じる）メソッド**を呼び出して、アプリの画面を閉じます。すると、アプリのメイン画面が表示されなくなり、アプリも一緒に終了します。

それでは、［スタート］サブメニューのときと同様の手順で、［終了］サブメニューの処理を書いていきましょう。

1 ［MainForm.cs［デザイン］］タブをクリックして、MainForm.csファイルのフォームデザイナーを表示する。

2 フォームのメニューバーの［ゲーム］メニュー項目をクリックする。

結果 ［ゲーム］メニュー項目が展開され、［スタート］と［終了］のサブメニュー項目が表示される。

3 ［終了］サブメニュー項目をダブルクリックする。

結果 quitToolStripMenuItemのClickイベントに対するイベントハンドラー「QuitToolStripMenuItem_Click」が作成され、コードエディターで表示される。

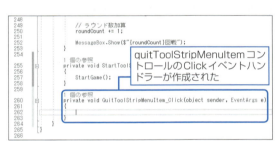

4 QuitToolStripMenuItem_Clickイベントハンドラーに、Closeメソッドを呼び出すコードを追加する（色文字部分）。

```
private void QuitToolStripMenuItem_Click(object sender, EventArgs e)
{
    Close();
}
```

メニューが動作するか確認しよう

ここまでの実装が正しくできたか、実行して確認してみましょう。

1 F5キーを押してデバッグ実行する。

結果 ビルドが正常終了すれば、じゃんけんバトルアプリが起動し、画面が表示される。[ゲーム]メニューが追加されている。

[ゲーム]メニューが表示された

2 [ゲーム]メニュー項目をクリックする。

結果 [ゲーム]メニュー項目が展開され、[スタート]と[終了]のサブメニュー項目が表示される。

3 [スタート]サブメニュー項目をクリックする。

結果 ゲームが開始され、メッセージボックスが開いて「ゲームスタート」と表示される。

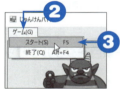

ゲームが開始された

4 [OK] ボタンをクリックする。

結果 メッセージボックスが閉じたあと、新たにメッセージボックスが開き、「1回戦」と表示される。

5 [OK] ボタンをクリックする。

結果 メッセージボックスが閉じる。

6 [ゲーム] メニュー項目をクリックする。

結果 [ゲーム] メニュー項目が展開され、[スタート] と [終了] のサブメニュー項目が表示される。

7 [終了] サブメニュー項目をクリックする。

結果 画面が閉じ、アプリが終了する。

8 キー操作を確認するために、もう一度 F5 キーを押してデバッグ実行する。

結果 じゃんけんバトルアプリが再び起動し、画面が表示される。

9 F5 キーを押す。

結果 ゲームが開始され、メッセージボックスが開いて「ゲームスタート」と表示される。

10 ［OK］ボタンをクリックする。

結果 メッセージボックスが閉じたあと、新たにメッセージボックスが開き、「1回戦」と表示される。

11 ［OK］ボタンをクリックする。

結果 メッセージボックスが閉じる。

12 Alt キーを押しながら F4 キーを押す。

結果 画面が閉じ、アプリが終了する。

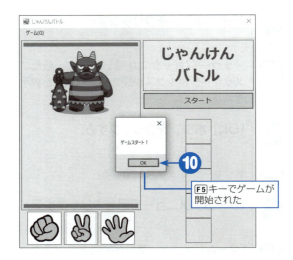

F5 キーでゲームが開始された

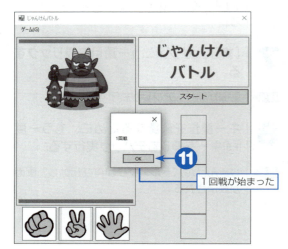

1回戦が始まった

8.4 アプリの情報を表示してみよう

アプリの名前や作成者、バージョンといった情報を表示する、情報ボックスをメニューから表示できるようにしましょう。

情報ボックスを作成しよう

最初に、アプリの情報を表示するための**情報ボックス**を作成します。VS2019に用意された［情報ボックス］テンプレートを使うと、簡単に作成できます。

1 ソリューションエクスプローラーで［JankenBattle］プロジェクトを右クリックし、［追加］−［新しい項目］を選択する。

結果 ［新しい項目の追加］ダイアログボックスが表示される。

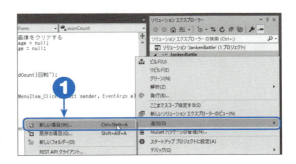

2 「新しい項目の追加」ダイアログの右上にある検索ボックスに**情報**と入力する。

結果 選択できるテンプレートが「情報」を含むものだけに絞り込まれる。

3 絞り込まれたテンプレートの一覧から［情報ボックス］をクリックする。

結果 ［情報ボックス］テンプレートが選択され、［名前］にあらかじめ入力されているファイル名が「AboutBox1.cs」に変わる。

8.4 アプリの情報を表示してみよう　223

4 ［名前］に入力されている「AboutBox 1.cs」の「1」を削除して「AboutBox.cs」に変更する。

5 ［追加］をクリックする。

結果 JankenBattleプロジェクトにAboutBox.csファイルが追加され、フォームデザイナーで表示される。

情報ボックスのファイルが追加されフォームデザイナーで表示された

アプリの情報を編集しよう

次に、情報ボックスに表示するアプリの情報を編集します。アプリの情報はプロジェクトの**プロパティページ**を使って編集でき、結果はプロジェクトの「Properties」フォルダー内にある「AssemblyInfo.cs」ファイルに反映されます。

それでは、アプリの情報を実際に編集しましょう。

1 ソリューションエクスプローラーで［Properties］フォルダーをダブルクリックする。

結果 プロジェクトのプロパティページが表示される。

224　第8章　メニューを付けよう

2 ［アプリケーション］タブをクリックする。

3 ［アセンブリ情報］ボタンをクリックする。

結果 ［アセンブリ情報］ダイアログボックスが表示される。

4 ［アセンブリ情報］ダイアログボックスの各項目を次のように入力する。

項目	値
タイトル	じゃんけんバトル
説明	じゃんけんでモンスターと対戦しよう！
会社	任意の会社名 （サンプルでは「WINGSプロジェクト」）
製品	じゃんけんバトル Ver. 1.0
著作権	Copyright © 任意の名前 （サンプルでは「高野 将」）2019

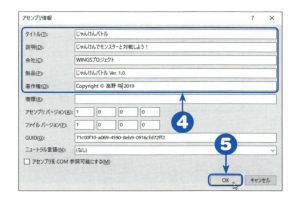

5 ［OK］をクリックする。

結果 ［アセンブリ情報］ダイアログボックスで入力した内容がAssemblyInfo.csファイルに反映される。

6 ソリューションエクスプローラーで［Properties］フォルダーを展開し、［AssemblyInfo.cs］ファイルをダブルクリックする。

結果 AssemblyInfo.csファイルの内容がコードエディターで表示される。

アセンブリとは

アセンブリとは、第1章でも触れたようにC#のプロジェクト単位でプログラムをコンパイルしてできたファイルです。アセンブリには作成者やバージョンなど、多くの情報を埋め込むことができます。

7 先ほど［アセンブリ情報］ダイアログボックスに入力した内容が、AssemblyInfo.csに次のコードの色文字部分のように反映されていることを確認する。

```
// アセンブリに関する一般情報は以下の属性セットをとおして制御されます。
// アセンブリに関連付けられている情報を変更するには、
// これらの属性値を変更してください。
[assembly: AssemblyTitle("じゃんけんバトル")]
[assembly: AssemblyDescription("じゃんけんでモンスターと対戦しよう！")]
[assembly: AssemblyConfiguration("")]
[assembly: AssemblyCompany("任意の会社名（サンプルでは「WINGSプロジェクト」）")]
[assembly: AssemblyProduct("じゃんけんバトル Ver. 1.0")]
[assembly: AssemblyCopyright("Copyright © 任意の名前（サンプルでは「高野 将」） ➡
 2019")]
[assembly: AssemblyTrademark("")]
[assembly: AssemblyCulture("")]
```

［情報］メニューを追加しよう

今度は、作成した情報ボックスを表示するためのメニュー項目を追加しましょう。

1 ソリューションエクスプローラーで［MainForm.cs］ファイルをダブルクリックする。

結果 MainForm.csファイルのフォームデザイナーが開く。

2 メニューストリップコントロールの、［ゲーム］メニューの右横部分をクリックする。

結果 メニューストリップコントロールが選択され、新たなメニュー項目を追加するための「ここへ入力」と表示されたドロップダウンリストが現れる。

［ここへ入力］欄が表示された

3 「ここへ入力」と表示された入力欄をクリックする。

結果 [ゲーム] メニュー項目の隣に新たにメニュー項目が追加され、その項目名の入力欄が表示される。

4 メニュー項目名として **情報(&I)** と入力して Enter キーを押す（「&」の次の文字は大文字のI）。

結果 [情報] メニュー項目が追加される。

5 追加された［情報］メニュー項目をクリックする。

結果 ［情報］メニュー項目が選択され、プロパティウィンドウにそのプロパティが表示される。

6 プロパティウィンドウで、［情報］メニュー項目のNameプロパティを**aboutToolStripMenuItem**に変更する。

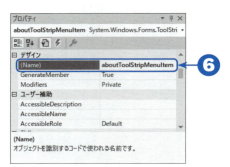

情報ボックスを表示しよう

　最後に、［情報］メニュー項目を選択したら情報ボックスを表示するようにしましょう。情報ボックスはフォームクラスの派生クラスとして作成されています。画面に表示するには、new演算子を使ってインスタンスを作成したあと、**ShowDialog（ショウダイアログ）メソッド**を呼び出します。

　なお、ShowDialogメソッドを使ったフォームを表示する場合、処理を終えてもダイアログを表示するために確保したメモリ領域が残ったままとなり、このままではダイアログを表示するたびにどんどんメモリを消費していってしまいます。これを避けるため、ShowDialogメソッドを呼び出したあとは、フォームの**Dispose（ディスポーズ：破棄）メソッド**を呼び出す必要があります。ただ、Disposeメソッドを呼び出す処理を自分でしようとしても、アプリのあちこちでダイアログを表示する処理があると、毎回呼び出す処理を書くのは面倒ですし、必ず呼び出し漏れが起きてしまいます。。

　そのようなときに使えるのが、**using（ユージング）ブロック**です。

構文 usingブロック

```
using (Disposeメソッドを呼び出したいオブジェクト)
{
    ... Disposeメソッドを呼び出したいオブジェクトを使った処理 ...
}
```

　usingブロックでは、**usingキーワード**に続けて()で囲んで、Disposeメソッドを呼び出したいオブジェクトを指定します。その後の{}で囲まれたブロックで上記のオブジェクトを使った処理を記述すると、実行時にこのブロックの処理を終えるタイミングで、自動的にDisposeメソッドが呼び出されます。

　usingブロックでは()の中で変数宣言を行うこともできるので、今回はここで情報ボックスのインスタンスを作成するようにします。それでは、具体的な手順とコードを見ていきましょう。

1 MainForm.csファイルのフォームデザイナーで、先ほど追加した［情報］サブメニュー項目をダブルクリックする。

結果 ▶ aboutToolStripMenuItemコントロールのClickイベントに対するイベントハンドラー「AboutToolStripMenuItem_Click」が作成され、コードエディターで表示される。

aboutToolStripMenuItemコントロールのClickイベントハンドラーが作成された

2 作成したAboutToolStripMenuItem_Clickイベントハンドラーに、情報ボックスの表示と後始末を行うコードを追加する（色文字部分）。

```
private void AboutToolStripMenuItem_Click(object sender, EventArgs e)
{
    using (var aboutBox = new AboutBox())
    {
        aboutBox.ShowDialog();
    }
}
```

8.4　アプリの情報を表示してみよう **229**

情報ボックスが表示されるか確認しよう

ここまでの実装が正しくできたか、実行して確認してみましょう。

1 F5キーを押してデバッグ実行する。

結果 ビルドが正常終了すれば、じゃんけんバトルアプリが起動し、画面が表示される。［情報］メニューが追加されている。

2 ［情報］メニュー項目をクリックする。

結果 情報ボックスが表示され、設定したアプリの情報が表示される。

3 ［OK］ボタンをクリックする。

結果 情報ボックスが閉じる。

4 Altキーを押しながらIキーを押す。

結果 ［情報］メニュー項目をクリックしたときと同様に、情報ボックスが表示される。

5 ［OK］ボタンをクリックして情報ボックスを閉じ、［ゲーム］メニューから［終了］を選択してアプリを終了する（Alt+F4キーで終了してもよい）。

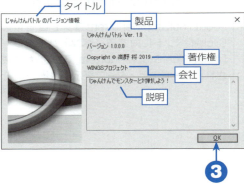

～ もう一度確認しよう！～　チェック項目

- ☐ メニューを追加できましたか？
- ☐ メニュー項目、サブメニュー項目を追加できましたか？
- ☐ メニュー項目を選択したときの処理を実行できましたか？
- ☐ 情報ボックスを追加できましたか？
- ☐ アプリの情報を変更できましたか？
- ☐ 情報ボックスを表示できましたか？

第 **9** 章

アプリを配布しよう

完成したアプリは、せっかくですから他の人にも遊ん
でもらいたいものです。この章ではVS2019が備え
ている、アプリを配布する仕組みについて学びましょ
う。

9.1 アプリのファイルを配布しよう

9.2 アプリをClickOnceで
配布しよう

 **この章で学ぶこと**

この章では、作成したアプリを他の人に配布するため、次のことを行います。

①アプリのインストーラーを作成する

その過程を通じて、この章では次の内容を学習していきます。

- **アプリを配布するために何が必要か**
- **リリースビルドの仕方**
- **ClickOnce を用いたインストーラーの作成方法**
- **ClickOnce の使い方**

この章では、ClickOnceを用いて次のようなインストーラーを作成します。

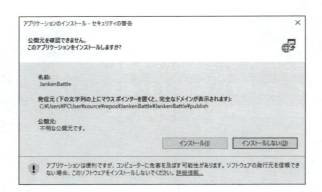

アプリのファイルを配布しよう

ここまでアプリを作成してきた間、実行するときはVS2019からデバッグ実行を行っていました。他の人に遊んでもらうためには、アプリを直接実行できるよう、必要最小限のファイルを配布する必要があります。アプリの実行ファイルを作成して配布するにはどうすればよいか学びましょう。

アプリを配布用にビルドしよう

　これまでの章では、F5キーを押してデバッグ実行を行ってきました。デバッグ実行のためのビルドでは、実行ファイルにデバッグしやすくするための仕組みが埋め込まれています。また、処理速度を優先させる設定になっていないため、処理も無駄が多いものになっています。したがって、アプリを配布する際は、その無駄を省くために、専用の設定でビルドを行うのが一般的です。そのためのビルドが**リリースビルド**で、デバッグ用の仕組みを取り除いたり、処理速度を向上させための**最適化**を行ったりします。

　リリースビルドを行うには、ソリューションの**ビルド構成**をリリースビルド用に変更します。ビルド構成とはビルド時の設定をまとめたもので、VS2019によって作成されたプロジェクトには、あらかじめ「Debug（デバッグ）」と「Release（リリース）」という構成が用意されています。プロジェクト作成直後はDebugが選択されているので、そのままビルドするだけで自動的にデバッグ用の構成でビルドされていたのです。

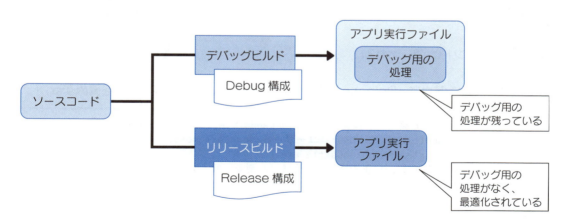

　それでは、ビルド構成をReleaseに変更し、リリースビルドを行ってみましょう。リリースビルドのビルド結果は**【出力】ウィンドウ**を使って確認します。

9.1　アプリのファイルを配布しよう

1 VS2019を起動してJankenBattleソリューションを開き、ツールバーの「Debug」と表示されたドロップダウンリストをクリックする。

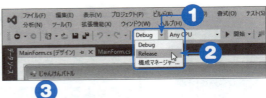

結果 ビルド構成の選択肢が表示される。

2 表示された一覧から[Release]をクリックする。

結果 ビルド構成が「Release」に変更される。

3 [ビルド]メニューをクリックする。

結果 [ビルド]メニュー項目が展開される。

4 [ソリューションのビルド]をクリックする。

結果 先ほど選択した「Release」構成でアプリがビルドされる。

5 [表示]メニューをクリックする。

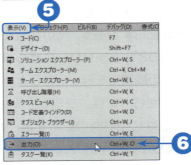

結果 [表示]メニュー項目が展開される。

6 [出力]をクリックする。

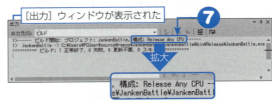

結果 [出力]ウィンドウが表示される。

7 [出力]ウィンドウで、Release構成でビルドされたこと(色文字部分)を確認する。

```
1>------ ビルド開始: プロジェクト: JankenBattle, 構成: Release Any CPU ------
1>  JankenBattle -> C:\Users\ユーザー名\source\repos\JankenBattle\JankenBattle\bin\Release\JankenBattle.exe
========== ビルド: 1 正常終了、0 失敗、0 更新不要、0 スキップ ==========
```

 ヒント

ビルド、リビルド、クリーン

[ビルド]メニューには[ソリューションのビルド]の他に[ソリューションのリビルド]と[ソリューションのクリーン]があります。「ビルド」は前回のビルド後に変更されたコードだけをコンパイルするため、高速にビルドできます。「クリーン」は前回のビルドで作成された[bin]フォルダーや[obj]フォルダーの中身をクリアし、ビルド前の状態のようにします。「リビルド」は「クリーン」のあとにすべてのコードをコンパイルしなおします。

アプリのファイルをコピーして配布しよう

　アプリを配布するためにリリースビルドできたところで、次はアプリの実行ファイルを配布しましょう。VS2019でビルドを行うと、既定ではプロジェクトのフォルダー内にある［bin］フォルダーにアプリの実行ファイルが作成されます。［bin］フォルダーの配下にはビルド構成の名前に対応したフォルダーがあり、Debug構成なら［Debug］、Release構成なら［Release］フォルダーに実行ファイルが作成されます。

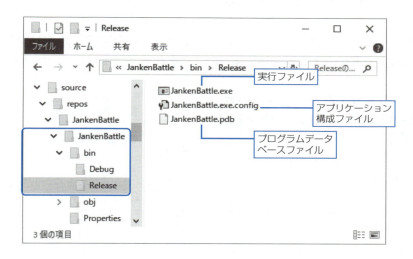

　Windowsフォームアプリケーションプロジェクトの場合、［bin］フォルダーには既定で次の3つのファイルが作成されます。

・**プロジェクト名.exe**
　アプリの実行ファイル本体です。

・**プロジェクト名.exe.config**
　アプリケーション構成ファイルと呼ばれ、実行環境ごとにアプリの設定を変更したいときなどに利用しますが、今回は使用しません。

・**プロジェクト名.pdb**
　プログラムデータベースファイルと呼ばれ、アプリをデバッグする際に必要な情報が記録されています。

アプリの実行ファイル名

アプリの実行ファイル名は、実際には「アセンブリ名.exe」になります。アセンブリ名はプロジェクトのプロパティページの［アプリケーション］タブから変更が可能で、既定ではプロジェクト名が設定されます。

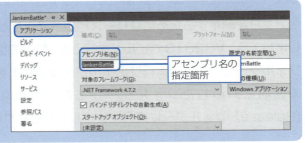

アセンブリ名の指定箇所

これらのファイルのうち、「じゃんけんバトル」ではアプリの実行ファイル本体だけあればアプリが実行できますので、このファイルをコピーして任意のフォルダーに配置しましょう。

1 ソリューションエクスプローラーで、[JankenBattle] プロジェクトを右クリックする。

結果 プロジェクトに関するコンテキストメニューが表示される。

2 ［エクスプローラーでフォルダーを開く］をクリックする。

結果 JankenBattleプロジェクトのフォルダーが、Windowsのエクスプローラーで開く。

3 ファイル一覧から [bin] フォルダーをダブルクリックする。

結果 [bin] フォルダーが開く。

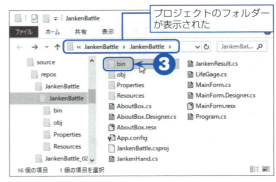

プロジェクトのフォルダーが表示された

4 ファイル一覧から［Release］フォルダーをダブルクリックする。

結果 ［Release］フォルダーが開く。

5 ファイル一覧から［JankenBattle.exe］ファイルをクリックする。

結果 ［JankenBattle.exe］ファイルが選択される。

6 画面右上にある ∨ ［リボンの展開］ボタンをクリックする。

結果 エクスプローラーのリボン（メニュー）が表示される。

7 ［ホーム］タブの［コピー］ボタンをクリックする。

結果 ［JankenBattle.exe］ファイルがクリップボードにコピーされる。

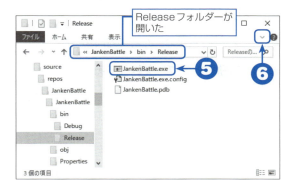

8 アプリの配布先フォルダー（ここでは［デスクトップ］フォルダー）を開くため、エクスプローラーのフォルダーツリーを一番上までスクロールして、［クイックアクセス］の下にある［デスクトップ］をクリックする。

結果 ［デスクトップ］フォルダーが開く。

ヒント

リボンの表示の切り替え

Windowsのエクスプローラーのリボン（メニュー）は、標準では最小化の状態で、タブ名だけが表示されています。タブ名の部分をクリックすると、そのタブに含まれるボタンが表示されますが、ここで何かボタンをクリックするとリボンが閉じてしまいます。手順❻のように ∨ ［リボンの展開］ボタンをクリックすると、リボンが常に表示されるようになります。最小化表示に戻すには、∧ ［リボンの最小化］ボタンをクリックします。

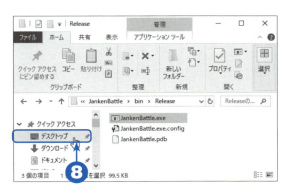

9.1 アプリのファイルを配布しよう **237**

9 [ホーム] タブの [貼り付け] ボタンをクリックする。

結果▶ [デスクトップ] フォルダーにアプリの実行ファイルがコピーされる。

10 ⊞+Dキーを押して、Windowsのデスクトップを表示する。

11 デスクトップ上の [JankenBattle.exe] ファイルのアイコンをダブルクリックする。

結果▶ じゃんけんバトルアプリが起動する。

12 起動したアプリを終了する。

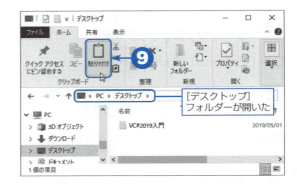

[デスクトップ] フォルダーが開いた

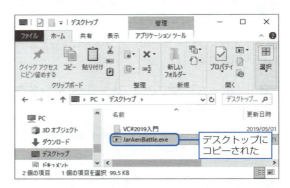

デスクトップにコピーされた

アプリが起動した

第9章 アプリを配布しよう

アプリをClickOnceで配布しよう

アプリの利用者が全員パソコンの操作に詳しいとは限りません。アプリを簡単に使ってもらえるよう、インストーラーを作った配布方法についても学びましょう。

ClickOnceとは？

　Visual Studioには作成したアプリを簡単に配布するためのインストーラーを作成するツールも搭載されています。それが**ClickOnce（クリックワンス）**です。ClickOnceを使って作成したインストーラーは、そのままファイルをコピーしたり、CD-Rなどのメディアで配布したり、個人のWebサイトやOneDrive、Dropboxのようなファイル共有サービスを通じてダウンロードさせたりすることができます。

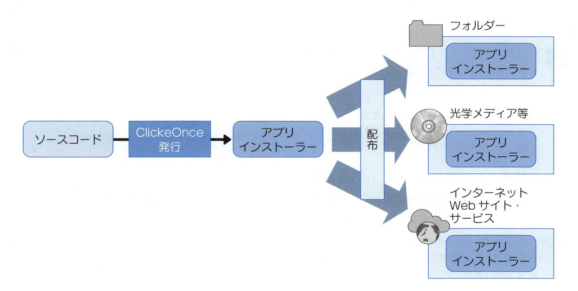

アプリのアイコンを設定しよう

　それでは、ClickOnceを用いたインストーラーを作成するための準備をしましょう。まず、アプリの実行ファイルのアイコンを、既定の味気ないものから、じゃんけんゲームらしいものに変更します。

アイコンファイルは、本書のサンプルファイルの［素材］フォルダーに用意されているものを使います。なお、アイコンファイルはJPEGなどの画像ファイルとは異なる専用の形式で、拡張子は「.ico」です。

> **参照ファイル**
> VC#2019入門¥素材¥app-icon.ico

1 ソリューションエクスプローラーで［Properties］フォルダーをダブルクリックする。

結果　プロジェクトのプロパティページが表示される。

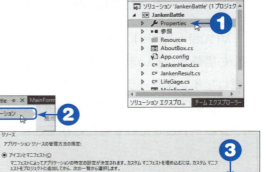

2 左側の［アプリケーション］タブをクリックする。

結果　［アプリケーション］のプロジェクト設定ページが表示される。

3 ［リソース］で、［アイコンとマニフェスト］の［アイコン］欄の右側にある［参照］ボタンをクリックする。

結果　アプリのアイコンを選択するための［既存のファイルをプロジェクトに追加］ダイアログボックスが表示される。

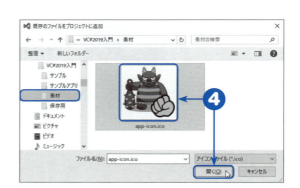

4 本書のサンプルファイルから［素材］フォルダーの［app-icon.ico］を選択して［開く］ボタンをクリックする。

結果　選択した［app-icon.ico］ファイルがプロジェクトに追加される。また、アプリのアイコンが［参照］ボタンの右側に表示される。

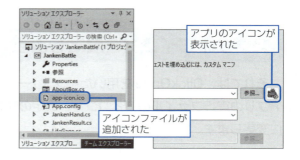

アプリのアイコンが表示された

アイコンファイルが追加された

240　第9章　アプリを配布しよう

インストーラーの設定をしよう

次に、作成するインストーラーに関する設定を行いましょう。ClickOnceによるインストーラーを作成することを**発行**といいます。発行は、プロジェクトのプロパティページの［発行］タブから行います。

1 プロジェクトのプロパティページで、左側の［発行］タブをクリックする。

結果▶ ［発行］のプロジェクト設定ページが表示される。

2 ［発行場所］の［発行フォルダーの場所（FTPサーバーまたはファイルパス）］ボックスに、インストーラーを作成したい任意のフォルダーパスを設定する。ここでは既定の「publish¥」を使い、プロジェクトフォルダー内に作成される［publish］フォルダーにインストーラーを作成する。

3 ［インストールモードと設定］で［アプリケーションはオフラインでも利用できる（スタートメニューから起動可能）］が選択されていることを確認する。

4 ［必須コンポーネント］ボタンをクリックする。

結果▶ ［必須コンポーネント］ダイアログボックスが表示される。

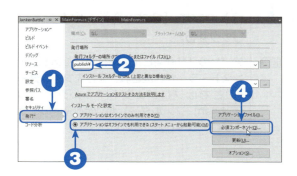

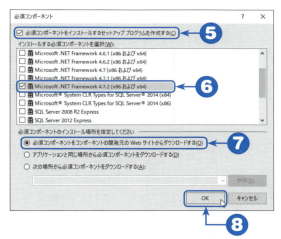

5 ［必須コンポーネントをインストールするセットアッププログラムを作成する］にチェックが入っていることを確認する。

6 ［インストールする必須コンポーネントを選択］で［Microsoft .NET Framework 4.7.2 (x86および x64)］にチェックが入っていることを確認する。

7 ［必須コンポーネントのインストール場所を指定してください］で［必須コンポーネントをコンポーネントの開発元のWebサイトからダウンロードする］が選択されていることを確認する。

8 ［OK］ボタンをクリックする。

結果▶ ［必須コンポーネント］ダイアログボックスが閉じ、プロジェクトのプロパティページに戻る。

インストーラーを作成しよう

インストーラーの設定が終わったので、アプリを「発行」してインストーラーを作成しましょう。

1 プロジェクトのプロパティページの［発行］タブで、［今すぐ発行］ボタンをクリックする。

結果 アプリのリリースビルドが行われたあと、インストーラーが作成され、発行先フォルダー（ここではプロジェクトフォルダー内の［publish］フォルダー）がWindowsのエクスプローラーで表示される。

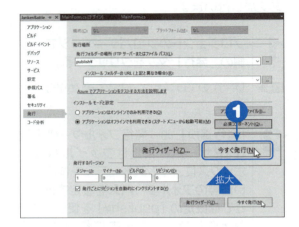

「発行」した結果、発行先のフォルダーには次の3つが作成されます。

・**Application Files フォルダー**
　アプリケーションの実行ファイルやアプリケーション構成ファイルなど、アプリケーション自体のファイルが格納されています。

・**アセンブリ名.application**
　ClickOnceによって作成された配布モジュールの起動ファイルです。このファイルを実行することで、アプリケーションのインストールと起動ができます。

・**setup.exe**

　前の項で指定した「必須コンポーネント」のセットアップを行うための実行ファイルです。先述の「アセンブリ名.application」ファイルを実行した際、必須コンポーネントがインストールされていないなら自動で起動されます。

アプリをインストールしよう

次に、作成したインストーラーを使い、アプリをインストールしてみましょう。

1 アプリの発行先フォルダーで［JankenBattle.application］ファイルをダブルクリックする。

結果 アプリのインストールが開始され、［アプリケーションの起動中］画面が表示されたあと、［アプリケーションのインストール - セキュリティの警告］画面が表示される。

2 ［インストール］ボタンをクリックする。

結果 インストールが開始され、［JankenBattleをインストールしています。］画面が表示される。インストールが終わるとインストーラーの画面が閉じ、JankenBattleアプリが自動で起動し、ゲームの画面が表示される。

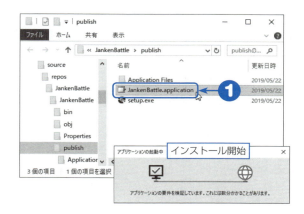

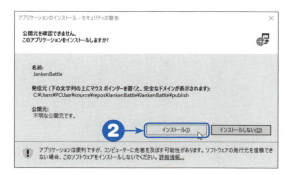

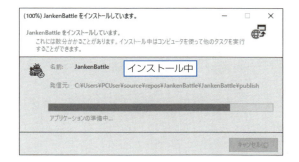

3 ［ゲーム］メニューから［終了］を選択してアプリを終了する。

コラム .NET Framework 4.7.2以降がない環境でインストーラーを実行した場合

他のパソコンでアプリのインストーラーを実行した際、そのパソコンに.NET Framework 4.7.2以降がインストールされていないと、アプリのインストールの前に.NET Frameworkのインストールを行うため、次のような画面が表示されます。

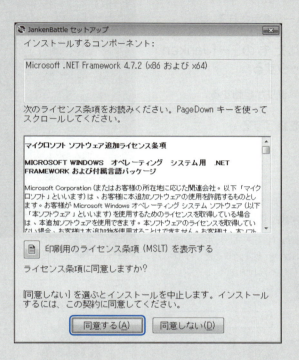

［同意する］ボタンをクリックすると.NET Framework 4.7.2のインストールが始まり、それが終わると［アプリケーションのインストール - セキュリティの警告］画面が表示されます。

アプリを実行しよう

インストーラーを使ってアプリをインストールしたので、Windowsの [スタート] メニューからアプリを起動することもできます。実際にやってみましょう。

1 Windowsの [スタート] ボタンをクリックする。

結果 [スタート] メニューが表示される。

2 [最近追加されたもの] - [Janken Battle] をクリックする。

結果 じゃんけんバトルアプリが起動する。

3 起動したアプリを終了する。

アプリが起動した

ヒント
「最近追加されたもの」に「JankenBattle」がない場合

Windowsに付属のCortana（[スタート] ボタンの右側にあるボックス）に **janken** と入力すると、インストール済みのアプリからじゃんけんバトルアプリが検索され、表示されます。

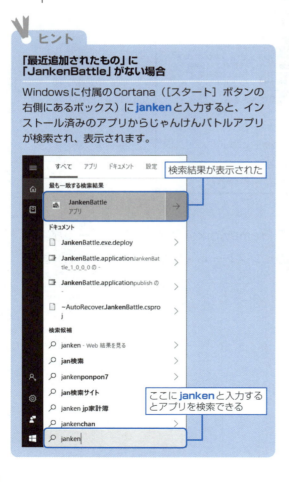

検索結果が表示された

ここに **janken** と入力するとアプリを検索できる

参照
Windows 7/8.1 で検索するには

第3章の3.1

246　第9章 アプリを配布しよう

アプリをアンインストールしよう

最後に、アプリをアンインストールする方法も学んでおきましょう。

1 Windowsの [スタート] ボタンをクリックする。

結果 [スタート] メニューが表示される。

2 [最近追加されたもの] − [JankenBattle] を右クリックする。

3 [アンインストール] をクリックする。

結果 [プログラムと機能] 画面が表示される。

4 アプリの一覧から [JankenBattle] をクリックして選択する。

5 [アンインストールと変更] ボタンをクリックする。

結果 [アプリケーションの起動中] 画面が表示されたあと、[JankenBattleの保守] 画面が表示される。

6 [OK] ボタンをクリックする。

結果 JankenBattleアプリがアンインストールされ、[プログラムと機能] 画面のアプリ一覧から削除される。

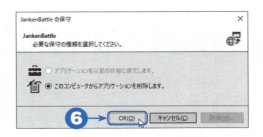

 ヒント

[最近追加されたもの] に [JankenBattle] がない場合

Cortanaの検索結果に表示された [JankenBattle] を右クリックしても、[アンインストール] が実行できます。または、[スタート] メニューをスクロールし、[J] の見出しの下にある [JankenBattle] フォルダーを展開すると [JankenBattle] があるので、右クリックして [アンインストール] を実行します。

9.2 アプリをClickOnceで配布しよう

アンインストールされるアプリ

ここでアンインストールされるのはClickOnceを用いてインストールしたアプリだけです。この章の9.1節のように手動で実行ファイルをコピーした場合、その実行ファイルは削除されません。

Windows 7/8.1でアンインストールするには

Windows 7の場合は、コントロールパネルの［プログラムと機能］からアンインストールします。Windows 8.1の場合は、［アプリ］画面でじゃんけんバトルのアプリアイコンを右クリックして［アンインストール］をクリックすると、［プログラムと機能］画面が開きます。

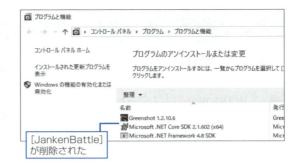

［JankenBattle］が削除された

～もう一度確認しよう！～　チェック項目

- □ アプリのビルド構成をReleaseに変更できましたか？
- □ アプリをリリースビルドできましたか？
- □ アプリの実行ファイルを任意の場所にコピーして配布できましたか？
- □ アプリのアイコンを設定できましたか？
- □ アプリをClickOnceで発行してインストーラーを作成できましたか？
- □ アプリをインストールし、実行後、アンインストールできましたか？

索 引

●記号・数字

- -（減算）································ 152
- !（否定）································ 120
- $（ドル記号）·························· 154
- %（剰余）································ 152
- &（アンパサンド）···················· 211
- &&（論理積）··························· 120
- ()（丸かっこ）········· 55, 106, 125, 174
- *（アスタリスク）······················ 44
- *（乗算）································ 152
- */ ······································ 109
- ,（カンマ）······················ 115, 128
- .（ドット）································ 53
- .application ·························· 242
- .exe ···································· 235
- .exe.config ·························· 235
- .ico ···································· 240
- .NET ·································· 4, 5
- .NET Core ······························ 6
- .NET Core 3.0 ·········· 11, 22, 128
- .NET Framework ··········· 6, 22, 245
- .NET Framework 4.7.2 ····· 22, 33, 245
- .NET Framework 4.8 ··············· 22
- .NET言語 ································ 6
- .pdb ···································· 235
- .resx ···································· 80
- .sln ······································ 35
- /（除算）································ 152
- /* ······································ 109
- // ······································ 109
- :（コロン）······························ 125
- ;（セミコロン）·························· 56
- []（角かっこ）····················· 170, 173
- ^（排他的論理和）····················· 120
- _（アンダースコア）···················· 128
- {}（波かっこ）······· 69, 106, 115, 125, 128, 160
- {{ ······································ 160
- ||（論理和）····························· 120
- }} ······································ 160
- +（加算）································ 152
- ++（インクリメント）··················· 177
- += ······································ 152
- =（等号）·············· 51, 107, 108, 152
- == ······························ 107, 108
- =>（アロー）···························· 194

●A

- AND（論理積）························· 120
- Application Files フォルダー ········· 242
- ASP.NET Core MVC ················· 11
- ASP.NET MVC ······················· 11
- ASP.NET Web フォーム ·············· 11
- AssemblyInfo.cs ···················· 224
- AutoSize プロパティ ·················· 84
- Azure DevOps ························ 28

●B

- BackColor プロパティ ················· 83
- bin フォルダー ························· 235
- bool ···································· 50
- bool型 ··························· 85, 120
- BorderStyle プロパティ ······ 73, 74, 79, 101
- BorderStyle 列挙型 ·················· 101
- break; キーワード ·············· 125, 142
- Button クラス ·························· 54

●C

- C# ···································· 4, 6
- C# 8.0 ································ 128
- C#で使える主な型 ···················· 50
- case キーワード ····················· 125
- cast 演算子 ··························· 112
- char ···································· 50
- CIL（Common Intermediate Language）··· 5
- Click イベント ························· 46
- ClickOnce ····················· 232, 239
- Click イベントハンドラー ·············· 133
- Close メソッド ······················· 219
- CLR（Common Language Runtime）····· 6
- Core CLR ······························ 6
- Cortana（コルタナ）··················· 34
- CPU（Central Processing Unit）········ 2
- Cursor プロパティ ···················· 79

●D

- Debug 構成 ··························· 233
- default キーワード ··················· 125
- Dispose メソッド ····················· 228
- double ································· 50

索 引 **249**

索引

●E

else if キーワード	106
else キーワード	106
Enabled プロパティ	132, 160
enum キーワード	103
Environment.NewLine プロパティ	155
EventArgs 型	117

●F

F#	6
false	50
False	85
foreach 文	144, 174
ForeColor プロパティ	83
FormBorderStyle プロパティ	88
Form クラス	68
for 文	177

●G

get ブロック	161
GUI（Graphical User Interface）	9

●H

HDD（Hard Disk Drive）	2
Height プロパティ	43

●I

IDE（Integrated Development Environment）	7
if キーワード	106
if 文	94, 106
Image 型	106, 116
Image プロパティ	74, 107, 133
int	50
IntelliSense（インテリセンス）	51
internal	188

●L

Label コントロール	62, 83
Left プロパティ	74
Load イベント	132
Load イベントハンドラー	132

●（右列）

Location プロパティ	73, 74, 76

●M

MaximizeBox プロパティ	88
Maximum プロパティ	190
MenuStrip コントロール	206, 210
MessageBox クラス	54
Microsoft アカウント	25
MinimizeBox プロパティ	88
Mono	6
Mono ランタイム	6

●N

namespace キーワード	103
Name プロパティ	39, 53, 73
new 演算子	110, 150, 190
Next メソッド	111
NOT（否定）	120
null	133, 138

●O

object	50
object 型	117
OR（論理和）	120
OS（オペレーティングシステム）	2

●P

Panel コントロール	72
PerformStep メソッド	192
PictureBox コントロール	62, 74, 100, 133
private	115, 116, 190
ProgressBar コントロール	180, 185
Properties フォルダー	80, 224
public	115, 188, 190

●R

Random クラス	94, 110
Release 構成	233
Resources.resx	80
return キーワード	115
return 文	116

250 索 引

索 引

●S

setブロック	161
setup.exe	243
ShortcutKeys プロパティ	214
ShowDialog メソッド	228
Show メソッド	54
Size プロパティ	43, 70, 76
SizeMode プロパティ	74, 76
SSD（Solid State Drive）	2
StartPosition プロパティ	87
static	150, 161
static キーワード	115, 116, 194
static クラス	204
Step プロパティ	192
string	50
switch キーワード	125
switch 式	128
switch 文	125, 142

●T

Text プロパティ	41, 53, 69, 83
TextAlign プロパティ	83, 86
TextBox クラス	54
TextChanged イベント	46
ToolStripComboBox コントロール	213
ToolStripMenuItem コントロール	211, 214
ToolStripSeparator コントロール	213
ToolStripTextBox コントロール	213
Top プロパティ	74
true	50
True	85

●U

using キーワード	229
using ディレクティブ	188
using ブロック	228
UWP（Universal Windows Platform）	11

●V

value キーワード	161
Value プロパティ	193
var キーワード	104
Visual Basic	6

●Visual C#

Visual C#	6
Visual Studio 2019（VS2019）	7
Community エディション	8
Enterprise エディション	8
Professional エディション	8
アップデート	30
インストール	16
ウィンドウの操作	90
起動	19
終了	29
void キーワード	115
void メソッド	130

●W

Web アプリ	11, 92
while 文	177
Width プロパティ	43
Windows フォーム	9, 22
WPF（Windows Presentation Foundation）	11

●X

Xamarin	11
XOR（排他的論理和）	120

●あ

アイコン	239
アクセスキー	211
アクセス修飾子	115, 116, 150, 161, 188, 190, 194
アセンブリ	3, 225
新しい項目の追加	102
アプリ	2
アンインストール	247
インストール	243
実行	32, 57, 246
実行ファイル	235
配布	232
アプリ起動時の処理	94, 132
アプリケーション（応用）ソフトウェア	2
アプリケーション構成ファイル	235
アプリ情報	206
アルゴリズム	98
アンドゥ	119

索 引 **251**

索 引

●い

一時停止	136
位置を移動	37
イベント	10, 46
イベント駆動	10
イベントハンドラー	46, 117, 132
イベントハンドラーを削除	217
イミディエイトウィンドウ	137, 139
インスタンス	110
インスタンス変数	150
インスタンスメソッド	111, 115, 130
インストーラー	16, 232
インストーラーの実行	17
インストール先	18
インデックス	170
インテリセンス（IntelliSense）	51
インラインの一時変数	119

●う

［ウォッチ］ウィンドウ	137, 138

●え

エディション	7
演算	51
演算子	51

●お

大文字/小文字の区別	40
オブジェクト	4
オブジェクト型	50
オブジェクト指向	4
オブジェクト指向プログラミング言語	5
オペレーティングシステム（基本ソフトウェア）	2

●か

改行	155
開発設定	20
開発ツール	7
書き込み専用のプロパティ	161
確認ダイアログ	58
画像	62
画像を表示	74

型	48, 54
型推論	104
画面の構成	24
カラーピッカー	83

●き

キーボード	2
基底クラス	68
既定のイベントハンドラー	216
キャプション	40, 41, 69
共通言語ランタイム（CLR）	6
共通中間言語（CIL）	5

●く

クラス	54, 68, 180, 184, 187
クラスの定義	68, 188
クラス変数	150
クラスメソッド	111, 115, 116
グラフィカルユーザーインターフェイス（GUI）	9
クリーン	234
繰り返し構文	177
繰り返し処理	144, 174
クリックイベント	100
クリックイベントハンドラー	100

●こ

コーディング	3
コードエディター	7, 47
コードが実行される順番	56
コードスニペット	125
コードのインデント	50
コードの表示	49
コピー	77
コメント	40, 109
コメントアウト	109
コルタナ（Cortana）	34
コンストラクター	144, 171, 172, 190
コンソールアプリ	11
コンテナー	72, 76
コントロール	24, 32, 36, 39, 54
削除	65
無効にする	94, 132
コンパイラ	3
コンパイル	3, 14, 32

252 索 引

索引

コンピューター ……………………………………… 2
コンポーネントトレイ ……………………………… 211

●さ

最近開いた項目 ………………………………… 34
最小化ボタン …………………………………… 88
サイズを変更 ……………………………… 38, 43, 70
最大化ボタン …………………………………… 88
最適化 ……………………………………………… 233
サブ画面の表示 ………………………………… 206
サブメニュー …………………………………… 212
算術演算 ………………………………………… 152
算術演算子 ……………………………………… 152
参照 ……………………………………………… 48

●し

シグネチャ（署名） …………………………… 115
実行時に確認できるプロパティ ……………… 87
実行ランタイム ………………………………… 5
実装 ……………………………………………… 3
［出力］ウィンドウ …………………………… 233
取得専用プロパティの式定義 ………………… 194
順次 ……………………………………………… 56
情報ボックス …………………………… 206, 223
ショートカットキー …………………………… 214
初期化ステートメント ………………………… 104
処理の巻き戻し ………………………………… 140
真理値表 ………………………………………… 121

●す

スコープ …………………………………… 115, 150
スタートウィンドウ …………………………… 21
ステートメント ………………………………… 56
ステップ実行 …………………………………… 140
ストレージ ……………………………………… 2
スナップ線 ………………………………… 38, 41

●せ

整数型 …………………………………………… 50
製品の登録 ………………………………… 25, 28
設計 ……………………………… 3, 9, 14, 63, 98
全角/半角の区別 ……………………………… 40
宣言 ……………………………………………… 48

選択範囲のコメント …………………………… 109
選択範囲のコメントを解除 …………………… 109

●そ

ソースコード …………………………………… 3
ソフトウェア …………………………………… 2
ソリューション ………………………………… 22
ソリューションエクスプローラー ………… 7, 24
ソリューションを保存 ………………………… 44

●た

ターゲットフレームワーク …………………… 22
代入 ……………………………………………… 48
代入演算子 ……………………………………… 51
ダウンロードファイルの保存先 ……………… 17

●ち

中央演算処理装置（CPU） …………………… 2
注釈 ……………………………………………… 109

●つ

ツールストリップコンボボックスコントロール ………… 213
ツールストリップセパレーターコントロール ………… 213
ツールストリップテキストボックスコントロール ……… 213
ツールストリップメニューアイテムコントロール
………………………………………………… 211, 214
ツールボックス …………………………… 24, 36, 75

●て

ディスプレイ …………………………………… 2
テキストボックス ………………………… 32, 36, 54
テキストを表示 ………………………………… 83
デバッガー ………………………………… 136, 138
デバッグ ………………………………………… 9
デバッグの開始 ………………………………… 57

●と

統合開発環境（IDE） ………………………… 7
等値演算子 ……………………………………… 107
ドキュメントのフォーマット ………………… 50
ドッキング表示 ………………………………… 91

索引 **253**

索引

●な

名前空間	103
名前空間をインポート	188
名前を付ける	39
名前を変更	66

●は

ハードウェア	2
背景色	83
配色テーマ	20
倍精度浮動小数点数型	50
排他的論理和（XOR）	120
配列	144, 170
初期化	171
宣言	170
長さを指定した初期化	171
配列作成式	171
配列要素へのアクセス	173
バグ	9, 136
派生	68
派生クラス	68
発行	241
パネルコントロール	72
パラダイム	5
貼り付け	77
ハンドル	38

●ひ

引数	55, 115
ピクセル	43
ピクチャボックス	160, 166
ピクチャボックスコントロール	62, 74, 100, 133
必須コンポーネント	241, 243
否定（NOT）	120
ビルド	57, 234
ビルドエラー	58
ビルドエラーの自動修正	60
ビルド構成	233
ピン留め	36, 75
ピン留め解除	45, 75

●ふ

ファイルを保存	71

フィールド	150
ブール型	50
ブール値	50
フォーム	24, 36, 54, 62, 68
選択	87
表示位置	87
フォームデザイナー	7, 24, 36
フォールスルー	142
複合代入演算子	152
浮動小数点数	50
プラットフォーム	6
ブレークポイント	136
ブレークポイントの削除	141
フレームワーク	6
フローチャート	99
プログラミング	3, 14
プログラミング言語	3
プログラムデータベースファイル	235
プログレスバーコントロール	180, 185
プロジェクト	22
作成	22
作成先	23
開く	34
プロジェクトテンプレート	22
プロジェクトフォルダー	23, 35
プロジェクトリソースファイル	80
ブロック	69
プロパティ	39, 53
アクセス	53
定義	144, 161
プロパティウィンドウ	24, 39
項目別表示	70
プロパティページ	224
文	56

●へ

別ウィンドウに切り離す	91
編集中マーク	44
ベン図	121
変数	32, 48
初期化	104
初期値	138
宣言	48
代入	51

索引

●ほ

補間文字列 ························· 154, 159, 160
保存 ································· 44, 71
ボタン ······························ 32, 40, 54

●ま

マルチパラダイム ······················· 4, 5

●め

メソッド ·················· 32, 54, 55, 117
　抽出 ····························· 113, 129
　定義 ······························· 115
　定義箇所にジャンプ ···················· 135
　呼び出す ···························· 117
メッセージボックス ······················ 54
メニューストリップコントロール ············ 210
メニューバー ·························· 210
メモリ ································· 2
メンバー変数 ············ 144, 150, 157, 170

●も

文字色 ································ 83
文字型 ································ 50
モジュール ····························· 3
文字列型 ······························ 50
戻り値 ······························· 115
モバイルアプリ ······················ 11, 92

●ゆ

ユニバーサルWindowsプラットフォーム（UWP） ········ 11

●よ

要素 ································· 170
[呼び出し履歴] ウィンドウ ············· 137, 139
読み取り専用のプロパティ ················· 161

●ら

ラベルコントロール ···················· 62, 83
乱数 ······························ 94, 110
ランダム ······························ 110

●り

リソース ···················· 62, 79, 80, 168
リソースコンテキスト ······················ 80
リソースファイル ························· 80
リビルド ······························ 234
リファクタリング ···················· 94, 129
リボンの表示の切り替え ··················· 237
リリースビルド ···················· 232, 233

●れ

[例外設定] ウィンドウ ··················· 137
列挙型 ······················ 94, 101, 123
列挙子 ······························ 104

●ろ

[ローカル] ウィンドウ ··············· 137, 138
ローカル変数 ························· 149
ローカルリソース ······················· 80
論理演算 ····························· 94
論理演算子 ·························· 120
論理演算子の優先度 ···················· 123
論理積（AND） ····················· 120
論理値 ······························ 50
論理和（OR） ······················ 120

●わ

ワークロード ·························· 92

索 引　**255**

●著者紹介

WINGS プロジェクト（ウイングスプロジェクト）

高野 将（たかの しょう）

新潟県長岡市在住。クラスメソッド株式会社に所属し、在宅のフルリモートワークでWeb APIプラットフォームの開発を行っている。仕事や家事、子育ての合間を縫って「長岡IT開発者勉強会（NDS）」、「Niigata.NET」などでのコミュニティ活動や『アプリを作ろう！Visual C#入門』（日経BP）をはじめとした書籍、「実例で学ぶASP.NET Webフォーム 業務アプリケーション開発のポイント」（CodeZine、翔泳社）などのWeb記事の執筆活動を行う。

●監修者紹介

山田 祥寛（やまだ よしひろ）

千葉県鎌ヶ谷市在住のフリーライター。Microsoft MVP for Visual Studio and Development Technologies。執筆コミュニティ「WINGSプロジェクト」の代表でもある。主な著書は『書き込み式SQLのドリル 改訂新版』（日経BP）、「独習シリーズ（Java・PHP・ASP.NET・C#）」（以上、翔泳社）、『改訂新版JavaScript本格入門』『Angularアプリケーションプログラミング』『Ruby on Rails 5アプリケーションプログラミング』（以上、技術評論社）、『はじめてのAndroidアプリ開発 第2版』（秀和システム）など。

●本書についてのお問い合わせ方法、訂正情報、重要なお知らせについては、下記Webページをご参照ください。なお、本書の範囲を超えるご質問にはお答えできませんので、あらかじめご了承ください。

> http://ec.nikkeibp.co.jp/nsp/

●ソフトウェアの機能や操作方法に関するご質問は、ソフトウェア発売元または提供元の製品サポート窓口へお問い合わせください。

作って楽しむプログラミング　Visual C# 2019超入門
無償のVisual Studio Communityで学ぶはじめてのデスクトップアプリ作成

2019年8月26日　初版第1刷発行

著　　　者	WINGSプロジェクト　高野 将
監 修 者	山田 祥寛
発 行 者	村上 広樹
編　　　集	生田目 千恵
発　　　行	日経BP
	東京都港区虎ノ門4-3-12　〒105-8308
発　　　売	日経BPマーケティング
	東京都港区虎ノ門4-3-12　〒105-8308
装　　　丁	小口 翔平＋岩永 香穂（tobufune）
DTP制作	株式会社シンクス
印刷・製本	図書印刷株式会社

本書に記載している会社名および製品名は、各社の商標または登録商標です。なお、本文中に™、®マークは明記しておりません。

本書の例題または画面で使用している会社名、氏名、他のデータは、一部を除いてすべて架空のものです。

本書の無断複写・複製（コピー等）は著作権法上の例外を除き、禁じられています。購入者以外の第三者による電子データ化および電子書籍化は、私的使用を含め一切認められておりません。

本書のサンプルアプリは学習目的で提供しています。サンプルアプリの著作権は著者に帰属しており、有償、無償を問わず、いかなる方法でも配布、公開を禁じます。

© 2019 WINGS Project

ISBN978-4-8222-5399-8　　Printed in Japan